# 瑞秋空姐教室

### 2023～2024最新版

Rachel's
Makeup Studio

瑞秋——著

**空服員＋地勤100％錄取聖經**
**髮妝儀態╳中英回答**
**面試技巧╳應考流程全攻略**

# 推 薦

## 航空・旅遊資深記者／甘芝其

媒體工作常常需要針對突發性議題找到專業人士回應，一開始也是因採訪需求認識 Rachel 老師，她總能在百忙之中協助我們解答，並透過清楚及重點式的介紹、分析，讓我們採訪工作能順利完成。

對我來說，Richeal 不僅是在空服議題上具備專業職能的空服與地勤培訓教師，更因多次公事互動後，慢慢變成會互相分享生活趣事及人生哲學的好朋友，也正因為如此，讓我才有機會接觸到她真的是把身為一名空服員應該要有的「服務」、「細心」深植到日常生活中的人。

記得某次和她在下午時間約訪，我和攝影兩人分別前往她的教室進行採訪。一進教室，已額外準備好簡單的飲品和點心在桌上，但最讓我覺得貼心的是，Richael 老師不僅會事先規劃好一套內容，更主動向我們介紹教室環境，建議哪些角度適合拍攝，也說明她接下來會怎麼做什麼演示等，先向我們確認她提出的內容是否符合媒體需求，幫助彼此接下來進行的正式採訪能順利完工。那次採訪因過程順暢，沒花太久就蒐集好所需資料，剩下時間就是交換航空界的一些訊息，哪裡好吃好玩等等，可能聊得太開心，導致攝影師離開時將一個小設備忘在教室。Richael 老師也是主動告知，並清楚說明她將物品放在某處的抽屜內，提醒對方可隨時取回，不用窒礙還要額外約時間，讓大家彼此都方便做事。

除了會替別人著想外，她對自身要求也很高。她曾和我說：「人生每一年都要做一件原本覺得不可能，但想做的事，當挑戰成功時，就會很開心。」所以她在疫情期除了忙培訓事業外，還出書、做 Line 貼圖；疫情發生後，影響到她的培訓事業，但她沒閒置下來，開始嘗試接拍廣告、演戲，甚至做霧眉，但她依舊沒有放棄耕耘多年的教育事業，因應外界變化調整教學模式，更針對不同學生的特色、程度，精準提供合適引導，讓學生解開茫然，也節省時間與金錢成本。

隨著邊境解封，疫後航空客運市場的復甦，她也將考試資訊更新，出版這本新書《瑞秋空姐教室：空服員＋地勤人員 100％錄取聖經》，對有意投身航空產業的年輕學子，不啻是場及時雨，讓大家可以迅速掌握疫後求職重點，順利錄取航空公司、實現翱翔天際的夢想。

### 瑞歐休閒娛樂有限公司‧總經理／飛行教官

近三年來，全球因為疫情影響，不僅影響台灣航空產業運作，甚至衝擊世界各國，造成多家航空公司因此裁員及停業。當航空業處於低迷不振的氛圍時，你是否仍然積極透過各種工作、兼差及其他方式累積更多職能經驗，以備未來不時之需？據最近調查結果，超過六成青年轉職，甚至放棄原本的航空志向，轉而投身其他產業。

本人從事航空事業超過 26 年，始終對台灣年輕人對追求航空工作的夢想與志向充滿信心，不管現時環境有多麼低迷，總仍有許多不向命運低頭的優秀青年。然而，追求夢想與學習的過程是辛苦的，若是一路上能有名師帶領指導，遠比起自己摸索要更快達成目標。

很榮幸接獲瑞秋老師的邀請寫推薦序；瑞秋老師有著 12 年擔任空服職務與 12 年空服教學經驗，不僅擁有嚴謹的教學態度，活潑又不失專業的教學方法，除了課堂上獲得學員相當多的口碑與肯定外，錄取任職的學員也深受航空公司的好評。

本書因應疫情趨緩，對於各航空公司對於空服人員招募與注意事項等，做了適度的內容調整，以便符合現時環境的標準與需求，足見瑞秋老師對於內容的用心，也絕對是您實現夢想的路上必備的專業好書。

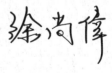

### 生活玩家／Paul

瑞秋的熱情幫助了很多想飛的朋友！此書是旅遊愛好者絕不可錯過的奇幻旅程！

### 資深飛行教官／于皓偉

瑞秋老師累積多年的空中飛行經驗及多年的教學心得，在這本書詳述如何成為空服員、分享空服員的生活與航空業的準備方向，書裡也有國外的生活重點提醒、各國之生活差異，甚至是退役生活的模式……這是一本所有想成為空中飛人的寶典，擁有此書將是幸福空服人生的開始。

### 中天新聞產生中心召集人／王月芳

曾幫不少年輕女孩圓夢的空姐達人瑞秋，在此書分享最完整的航空界資訊！邁向空服員之路，不能錯過這本好書！

## 輔大外語學院／賴振南院長

我在外語學院開的一門頗受全校學生歡迎的「產學對話—外語觀點」課上，每學期都會邀請瑞秋空姐教室 Rachel 老師來演講，每當「空服員地勤人員速成教學」講題一經校園網路公告，每場 120 人大教室幾乎場場爆滿。但學生聽過後都猶如蜻蜓點水、大夢初醒、意猶未盡，兩個小時就匆匆過去，圖文並茂的 PPT 資料一張張閃過，內容雖然豐富，或許能聽到、筆記到片面的面試、筆試技巧以及重點式的美姿美儀現場指導，但下課鐘一響卻已欲抓已無痕，徒留講者的隻字片語、亮麗的殘影。

為了彌補以上的缺憾，更為了造福年輕後輩，瑞秋空姐教室 Rachel 老師將年輕人嚮往的航空業中多金的空服員和地勤人員報考的來龍去脈、夢想成真的路徑、職場酸甜苦辣及未來生涯規劃等眾面向，依她個人累積多年的親身體驗、教學經驗、實務歷練、學員回饋、業界人脈等豐富內容，採分門別類、去蕪存菁、簡潔扼要地編寫出《瑞秋空姐教室：空服員＋地勤人員 100% 錄取聖經，髮妝儀態 X 中英回答 X 面試技巧 X 應考流程全攻略》。想在大學畢業後很快能存第一桶金的空中夢想家們，航空業的空服員和地勤人員是很好的選擇。

與其期待 Rachel 老師的校園演講，不如買一本《空服員＋地勤人員 100% 錄取聖經》，趁早讓瑞秋空姐教室 Rachel 老師隨時隨地陪伴您築夢並實現夢想，翱翔天空！

## 空姐忙什麼編劇／森七七空姐

很榮幸能為瑞秋姐的新書撰寫推薦序，其實收到瑞秋姐的邀請訊息時，我人正在舊金山，空中飛人的生活雖然疲累，卻很充實，也是我嚮往的；但這種生活是兩年前的我不敢想像的，因為那時我還不是空服員。

以前的我和很多女孩一樣，有份空服員的夢想，但那時我總是抱著僥倖的心態去考試，事實是我失敗了十次，不斷的挫敗讓我一度放棄這個夢想，轉而進入媒體業，但一個人生轉折，我又重新思考進入空服業的可能，邁入三十歲大關前，我希望再給自己一個機會，這次我知道我得用盡全力。

我將賭注押在瑞秋姐的教學，從第一堂課開始，我就發現自己以前原來從化妝儀態到應答進退，完全走錯方向，難怪失敗了十次，但同時也更確信瑞秋團隊的專業度，一週的課程後，我打從心底感覺自己從沒有離空服業這麼近過。

「機會是留給準備好的人」，下定決心是首要條件，但必須遇到對的人給你正確的引導，才能更接近你的夢想。我一直相信在踏入空服業的這條道路上，瑞秋姐絕對是大貴人，因為她熟知空服業，並且利用專業跟智慧，認真地研究出進入空服業的各項重點，而我這個失敗了十次的人，就憑著她的智慧結晶，最終成功錄取兩間航空公司的空服員。

想進入空服業的美麗女孩兒們，如果覺得徬徨不知從何下手，不妨先閱讀這本書，從對這份行業的熟悉，到對整個面試流程的了解，絕對能讓你像吃了大還丹一樣功力大增，也會更清楚自己該怎麼準備空服面試，祝大家都能夠實現在空中飛行的夢想！

# 自 序

「小時候住在充滿南國風情的恆春，印象中最深刻的就是漫天數不清的星星。每天晚上望著那片星空，心裡想，如果有一天能夠飛向那片星空該有多好？」12歲那年，舉家遷移到了南非，幾次坐飛機的經驗，讓我對空服員有著好奇有著欣羨的心情。當時我心裡想：「哇！原來還有這樣的一份工作是在空中存在呢！」當在我小小的心裡種下了種子，立下的志願就是希望有一天能夠當空服員。

同學們，你沒看錯！當年這是我當年寫的自傳投給各家航空公司應徵職缺，就是這麼天真爛漫。當時航空公司的招募從每年的 4 至 5 月開始進行，跟一般的公司求職歷程不同之處，也就是還沒畢業前，你就要先準備面試了。

小時候瑞秋老師就在國外念書，深刻感受到語文的重要，大學時修德文時，也是希望讓自己能成為一位在工作上能夠運用不同的語言，跟不同國家的人聊天的人。當時我的就業目標，一開始只是希望可以在國外就業，並非一開始就鎖定要做空服員這份職業。大四的同學，即將要準備就業的人，應該對畢業後的自己要何去何從而徬徨。我懂，真的！因為當時的我也一樣。

5 月的某一天，我突然看了日本航空（當時為日亞航）和長榮航空的空服員招募消息，就開始寫履歷，並買了本日文 50 音的書來開始臨時抱佛腳。結果日航面試大多以英文為主，而且我也很幸運的錄取了。這是我並不是我最早一次錄取空服員，在高中畢業時，瑞秋老師就去考了長榮航空（當時長榮航空有招收五專及高中畢業的學生）。只是父母都跟我說，一旦當空服員，未來工作忙碌，未必能專心考上大學念書。在大學校園裡念書學有所成，也是我的夢想之一。於是我放棄了這次機會，等下次在大學畢業時再考。

大學畢業這年，航空公司如雨後春筍般紛紛招募。很幸運的，我陸續考上五家航空公司，考量到存錢與生活負擔，最後進入日航。沒想到這一待就待了12年！當時受訓可真的很辛苦，我在日本東京受訓，除了要適應不同文化，還要努力學習日文溝通。因為大多數的日本組員甚至機

長，還是習慣以日文做機上簡報，用日文做服務上的溝通。這段空服人生，讓我成長、打開新的視野。甚至，還讓我體驗到第一次在真實人生中教科書裡的緊急狀況是會發生的！因為我曾在飛機上遇到火災並緊急滅火，臨機應變得宜，因此獲得日本航空「Dreamskyward 年度最佳空服員獎」。

同學問，「瑞秋老師為什麼可以做空服員這麼久，難道沒有職業倦怠嗎？」偷偷說，我當年因為職業倦怠所帶來的疲乏感到恐慌。曾反覆思考：「我的人生只能有一種職業嗎？」自從畢業後，我就只做過空服員這份工作，很羨慕別人的多才多藝。於是我踏出舒適圈的第一步，去進修專業化妝技巧，因為當時皮膚受傷，希望透過學習化妝，能讓自己變得更漂亮。沒想到，在一場空姐髮妝指導會上，讓我接觸到許多想要考空服的妹妹們，她們的反饋讓我發現自己原來有能力可以幫助這麼多想進航空業的人。

在外站休息的空檔，我都在 Lobby 的電腦前回覆大家問題。在休假日就設計課程受邀去指導，沒想到受到大家很大的迴響，而且錄取率為全台之冠，最高記錄曾一年幫助 200 位以上的同學錄取長榮航空；一次錄取 32 位華航空服員。瑞秋老師還被稱為「空姐空少製造機」呢！在培育人才這行，我真的很有興趣，也才因此與夥伴創立了「瑞秋空姐教室」。以當年到之後的 8 年時間，國籍航空風氣和徵人取向來說，空服員和地勤都喜歡用應屆生，像這樣白紙般充滿著對未來的幻想，是航空公司主管覺得好訓練、好塑型的錄取原因。但是，這是那個年代的錄用想法。

隨著時代的變化，旅客的需求和要求也不斷的提昇難度。航空公司錄取的人，年齡都愈來愈放寬。大家發現，原來有社會經驗也是加分點，年齡不再是侷限，摸得到「行李棚高度」即使沒有 160 公分也能考上空服員。在我們這裡，曾經有號稱 158 公分的女生錄取空服員；也曾幫助過最高齡 36 歲的女性錄取兩家空服員。以前，我也曾幫助有已婚

有小孩的錄取長榮空服員喔！而且 2022 年疫情期間，我還幫助了一位 34 歲的人錄取星宇航空。

2019 年開始，航空業受到疫情的影響產生巨大的變化。航空業與整個台灣的公司都受到創傷，也進行規模改制。瑞秋老師將傳統的授課教學，改成顧問式的教學模式。在僅僅每堂課只有 2 至 6 人的班級中，找出問題做為每位同學做不同程度的優化，是我教學的特殊性。將不同航空公司的考試類型做破題技巧，讓英文沒有自信的同學也能破關斬將，是我的教學與別家不同之處。

每位學生都能感受到我的用心、認真，是我對教學的熱愛。即便在遇上疫情的這三年，瑞秋老師依然輔導一位又一位的同學考上星宇空服地勤、新加坡機場地勤、新加坡航空空服、台灣虎航空服、長榮航太、長榮海運……。這樣的成績，來自於錄取同學的用心與配合，瑞秋老師才能有許多成就感和動力去努力。

本書特別將最近的考試資訊做了更新，希望能幫助更多同學了解自己的需求，解開茫然，節省更多時間成本，不用再辛苦去收集資訊。感謝許多朋友的推薦和許多同學不吝贊助自己的力量，讓這本工具書在有許多成功的實例幫助下，能更完整、更具參考和教學的意義。

本書版稅在扣除成本後將捐贈部分收益給公益團體。希望這本書在幫助您的同時，也幫助了社會上需要溫暖的人。再次感謝所有聯名推薦本書的朋友們，以及我的家人，有您們的支持與鼓勵才有今天的瑞秋。

# 目錄

## Chapter 1
## 認識空服員

## Chapter 2
## 認識地勤人員

Chapter 10
# 錄取學員分享

# Chapter 1

# 認識空服員

# 空服員的工作內容

空服員的工作是什麼？每次問到這題，許多考生都會說：「空服員的工作就是送餐、送飲料，客人要什麼就給什麼……」考官聽到耳朵都要長繭了，空服員的工作真的就只有餐飲服務嗎？

瑞秋老師常這樣跟同學形容：
「空服員既是餐飲服務人員，也是保安人員、消防員以及護理人員，甚至偶而還需要擔任心理輔導人員。」

一般航空公司培訓一位合格的空服員通常要一個半月至三個月。從介紹機型、背誦緊急逃生方法、急救方法、服務內容到語文等各項考試，都必須要有實作能力，通過層層的測驗才能真正飛上天。受訓完還有實做試飛，我們叫 OJT「On Job Training」，通常要試飛三次，經由座艙長及教官的考核後，才能真正成為空服員。

所以旅客所看到的空服員工作僅僅是一小部分，我們常說：「Safety always comes first」，空服員的工作首要是「保護旅客的安全到達目的地」，其次才是餐飲服務。

因為航空公司培訓一位空服員需要耗費很多人力和成本，所以許多航空公司規定如果兩年內離職的話，需要賠償違約金喔！

## 受訓流程圖

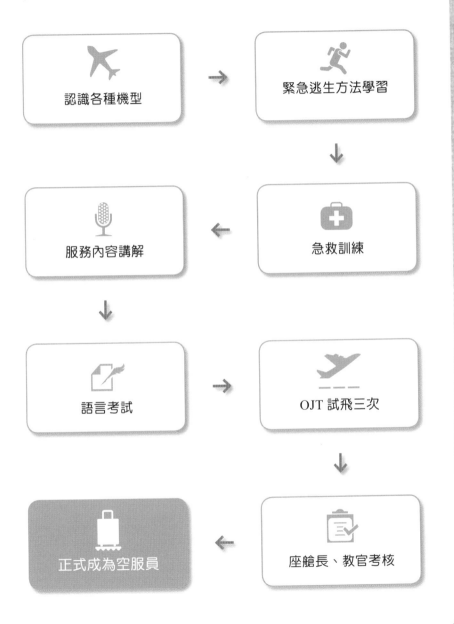

認識各種機型 → 緊急逃生方法學習

服務內容講解 ← 急救訓練

語言考試 → OJT 試飛三次

正式成為空服員 ← 座艙長、教官考核

# 空服員受訓內容

我們從受訓的內容，就可以看出一位空服員上機執勤需要具備的能力：以優雅的儀態服務客人、了解逃生及緊急狀況的處理方法、熟悉各國檢疫的相關規定，並具備銷售免稅品的能力等等。

### 空服員髮妝、儀態的學習

「穿上制服就代表著公司的形象」，這句話是我們當新人第一天就會聽到的第一句話。乾淨的髮妝與服儀，能讓客人感覺舒服，也是對自己職業的尊重，所以髮型和妝容都要依公司的規定手冊來執行。

### 服務用語訓練

英文：全部的航空公司皆需

日文：華航、長榮、日商都有這項考試要求

英文用語範例：

According to the C.A.A regulation, cell phones, radio transmitters, remote control or any other electronic devices must be turned to flight mode until we arrive. Thank you for your cooperation.

## 各機型的逃生方法、機上緊急狀況的處理方式

目前常見的有波音公司 787、777、767、737、即將退役的 747、MD，以及空中巴士 330、340、350系列。遠東航空則有新進 ATR 的飛機需要受訓。除了陸上逃生、水上逃生方式需學習外，另外有急減壓、遇到飛機故障時的各種處理方式要背誦及考試。

(安全考試) 根據民航局規定，要 100 分滿分才過關，因為安全不能打折！

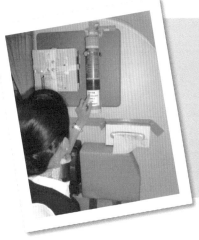

## 滅火器具的使用

飛機上備有 Halon、Water extinguisher、Smoke hood 等滅火器具，空服員需要學習操作及檢查方法。

### ● 救護用具的使用、救護方法教學

機上的氣壓及各種條件不如地面，因此旅客發生不適的情形極高。飛機根據機型的不同，除了醫藥箱，另外還有 AED（自動體外心臟電擊去顫器）、Resuscitation kit、Doctor's kit 等急救用品包，空服員需要學習檢查方法以及判斷應該在什麼條件下使用。

### ● 餐飲服務

除了廉航是依照旅客的購買需求提供服務外，一般傳統的航空公司都會依照流程提供餐飲服務。第一個要牢記的，就是飛機上的備品裝載位置。因為飛機上的空間有限，裝載區依每家航空公司的需求也會有點不同，很多備品都是收放在各個不同的小空間裡——這部份往往考驗我們大腦記憶體的容量。

航空公司提供餐飲服務訓練，像是飲料有哪些選擇、不同航線提供的餐點內容有哪些差異等。空服員要學的不只是把餐點放在桌上給客人就好，最重要的是餐飲服務的禮儀，以及應對的技巧。最近一年，華航、長榮及外商的面試中，考官常會出情境題給考生，藉此評估考生的反應。

## 貨物、行李及檢疫相關規定

飛機有一定的重量限制，根據國際情勢的變化也有不同等級的安全分級；前往不同國家有不同的免稅、行李重量、動植物的檢疫規定，因此能帶什麼、不能帶什麼上機、危險物品的認識等等，都是空服員及地勤一定要熟悉的規定，以便能宣導及保護旅客的權益。

## 免稅品銷售訓練

航空公司除了販售座位、貨物寄送外，另一個重要收入就是免稅品。空服員需要學習怎麼點貨、使用銷售機以及熟記各國的免稅規定。每家航空公司使用的免稅品販賣機不太一樣，現金通常需要空服員自己準備，萬一賣錯商品還需要賠錢呢！

有的航空公司會讓空服員抽成，有的則是提供商品券做為獎勵，廉價航空的抽成多半會比一般航空公司高，這部分也是空服員除了月薪以外，一份重要的津貼。

---

瑞 秋 的 小 叮 嚀

為期一個半月到三個月不等的受訓期間，每天都在原文書堆中念書、練習、考試，日子非常的辛苦。除了高薪的吸引力及免費機票福利外，穿上制服拉著行李箱穿梭在各個機場，吸引著旅客們的目光，那種光環是許多女孩嚮往這份工作的原因。所以下回考官若問你「空服員的工作內容有哪些？」，可別再說就是送餐的服務人員喔！

# 空服員的工作型態

空服員每個月最忐忑不安的就是，這個月的班表到底會長怎樣？短程的航班如飛往大陸各城市、香港、澳門、東南亞和韓國等，都是當天來回，意指飛過去後再接回程的航班，不過夜。這種的工作時數長，且因為不過夜，所以只能領飛行津貼。

如果是紐澳線、美國、歐洲等長程線的航班，因飛行時數長達九小時以上，組員必須休息滿十二小時，才能執行下一個航班的任務，所以通常會排三～六天的班型。

身邊有空服員朋友的人，應該常常聽到 AL、DO、PNC 等名詞，以下以長榮航空 2017 年的班表為例，為大家介紹空服員班表常會出現的名詞：

| Sunday | Monday | Tuesday | Wednesday | Thursday | Friday | Saturday |
|---|---|---|---|---|---|---|
| | | | 01 DO | 02 87 | 03 87 | 04 Lo |
| 05 88 | 06 88 | 07 DO | 08 UE | 09 S16 SCS | 10 16 | 11 Lo |
| 12 5 | 13 5 | 14 DO | 15 S14 SCS | 16 S08 SCS | 17 DO | 18 S08 SCS |
| 19 DO | 20 32 | 21 Lo | 22 Lo | 23 31 | 24 31 | 25 31 |
| 26 DO | 27 DO | 28 DO | 29 DO | 30 DO | | |

## 班表

航空公司的班表，由統一派遣中心每個月二十號發布。班型有當天來回、兩天到五天班不等，每家航空公司依需求也有不同的安排（也有連飛好幾個航點，才飛回基地的公司）。

## 月休 DO（有的航空公司會打 H）

» 日數看公司規定，台灣的航空公司通常是 7-10 天，外商休日比較多。

以此班表為例：1 號 DO，表示上個月飛的最後一班附的休假日；接下來 87 號班機要出發，中間 Lo 表示外站過夜，然後 88 號班機飛回台北，將是 6 號。7 號則是再休一天。

## 年休 AL

» 台灣的航空公司依照勞基法走，通常滿一年是年休七天。外商則是一入社就會有 10~14 天不等的年休可以使用，所以一聽到外商的休假福利，大家都挺羨慕的。

## 待命 Standby

» Standby 分為在家裡和到公司待命兩種，時間、天數依公司需求而排定。像這張班表中，16 號的 S08 表示當天要 standby 的時段。

### ● 死頭 PNC/ D/H

» 在班表中，若出現這個關鍵字表示某一航段可以休息當乘客。有的公司會提供商務艙讓組員坐，有的航空公司因座位販售等緣故，則是安排組員坐經濟艙。總之，當乘客的航段可以休息（我們都會偷偷暗爽在心裡）。

### ● 婚假、喪假、育嬰假、留職停薪、公差

» 另外還有許多不同的假別，依每間航空公司內部規定的名稱，而有所不同。國籍航空的婚假天數跟勞基法走，外商則以當地的規定為準。通常外商航空公司的假比較多天。

小叮嚀：成為空服員和地勤，班表的代號是一定要背熟的喔！

## 拿到班表後，可以換班嗎？

有的航空公司允許空服員換班，像華航、長榮、國泰、阿聯酋航空、美商公司等都可以換班，如果提早知道哪天有事，或想安排休假，即可以上公司網站把自己的班丟出來跟別人換。但是日商如 JAL、ANA 都規定不能換班，理由是怕在換班時，學姐們會用前輩的權勢施加學妹壓力，因此為求公平，公司規定不得換班。

其實換班是一個很重要，也是必須要存在的系統。如果有人臨時家裡有事，隔天不能來上班，只要找到人願意換班，就能避免病假或臨時請假的情形發生。大家輪替的機動性高，請假的機率自然會變低。

# 空服員薪資結構

一般來說，台灣航空公司空服員的薪資結構公式是：底薪＋飛行時數加給＋過夜的出差津貼＋交通費。外商航空公司的算法和台灣的差不多，不過通常會給台籍空服員額外的租屋津貼，即所謂的 Housing。

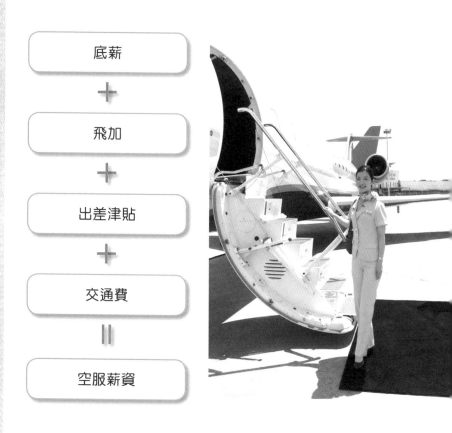

底薪

＋

飛加

＋

出差津貼

＋

交通費

＝

空服薪資

# 各航空公司薪資結構比較

以下是瑞秋老師調查出最新的各家航空公司薪資及福利，其中，特別值得留意的是，國內航空公司外站津貼是：一小時 X 美元；而外商大部分都是以待在國外會用到幾餐的餐食費來計算。至於津貼發放的貨幣，則是依據航空公司的國籍，例如新航、酷航會發新幣；春秋等大陸航空公司發人民幣；台灣的航空公司發美金；香港的航空公司則以當地貨幣做核發。

| 公司 | 底薪 | 飛行時數 / 月 | 外站津貼 | 月薪 | 年假 | 備註 |
|------|------|--------------|---------|------|------|------|
| 華航 | NT26,200 | 65~95hrs | USD5/hr | 6~10 萬 | 7 天 | |
| 長榮 | NT30,000 | 70~110hrs | 7/1 開始 NT90/hr | 6~8 萬 | 7 天 | |
| 復興 | NT24,000 | 70~95hrs | USD2/hr | 5~7 萬 | 7 天 | |
| 日航 | NT26,120 | 60~72hrs | ￥9100 / 晚 | 5.5~6.5 萬 | 14 天 | |
| 全日空 | NT22,000 | 85~95hrs | 算飯店餐費 | 7.5 萬 | 17 天 | |
| 酷航 | SGD700 | 60hrs | SGD90~145 / 晚 | 5 萬 | 19 天 | 仲介費 2,300 新幣 |

| 公司 | 底薪 | 飛行時數/月 | 外站津貼 | 月薪 | 年假 | 備註 |
|---|---|---|---|---|---|---|
| 澳門 | NT2,4000 | 70~90hrs | 算飯店餐費 | 7.2~10萬 | 27天 | |
| 國泰 | 70小時飛時 | 70~110hrs | 算飯店餐費 | 7~10萬 | 14天 | 以時薪計算，時薪依年資不同 |
| 阿聯酋約 | NT37,488 | 70~110hrs | 算飯店餐費 | 7~10萬 | | |
| 卡達 | Qar 4,260 | 80~100hrs | 算飯店餐費 | 5.5~8萬 | 30天 | 包住宿，有門禁及生活公約等嚴格規定 |
| 新加坡 | SGD1,475 | 80~100hrs | 算飯店餐費 | 8~12萬 | 21天 | 交通津貼SGD200 |
| 春秋 | NT28,000 | 90hrs | ¥80/晚 | 5.5~6萬 | 返台7天 | 要打掃機艙，有房租津貼 |

# 空服員的福利

航空公司每次在台灣招募的錄取率約為 2% ～ 3%，為什麼錄取率那麼低？主要是因為錄取人數固定，但不限年齡、外貌條件及身高，所以人人都可以投履歷報考，因此報名人數年年倍增，但錄取率卻年年創新低。

為什麼這幾年愈來愈多人想加入航空業呢？主要就是航空公司提供的福利，比起一般企業來得好。

## 機票福利

進入航空公司最重要的一項福利就是免費機票，但組員通常要滿半年或一年後，才能申請免費機票。

**入職滿半年後：**

可以申請 ZED 票無限張（通常是一折票）；直系親屬也可以申請，折數依航空公司規定。

除了可以申請自家航空公司機票外，若自家航空公司與其他間簽定互惠合作，也可以互相開對方的票。例如：想去首爾，但臨時發現自家華航的機位很滿、搭不上，可以線上立刻開長榮的票，衝去搭長榮的飛機。回台後，再將未使用的票退票。是不是很方便呢？

**離職員工：**

華航員工滿十年以上離職，也可以開相同年資的免費機票。至於 ZED 票？則是可以無年限的開票！這樣的好康在國內來說真的是只有官股持有的華航，才有這樣的福利了。

## 年假

**本國航空公司：**

依勞基法規定，滿一年後七天。

**外商航空公司：**

大部分一開始就會給年假，舉例來說，日航一開始就給十四天。也有許多航空公司很大方，詳細天數請參考前面的總表。


## 勞健保

**本國航空公司：**

提供員工勞健保。

**外商航空公司：**

因為外商屬於境外公司，所以要自己在台灣找鄉公所或工會保勞保，沒有的話則可選擇國民年金繳交。


## 獎金及年終

過年時會發開工小紅包——算是小確幸吧！不過不多，通常是意思意思一下而已。生日禮金、旅遊津貼、年終也是依不同航空公司而有差異。


---

**瑞秋的小叮嚀**

說到免費票，瑞秋老師的父母可是使用的比本人還多。身為空服員，年假是依照勞基法規定的，要出國玩一定要有假才能去。有時旺季或人力不足時，假單還會被退，所以能出去玩的次數真的很少，反而是親屬使用的頻率會比許多空姐還多呢！

# 空服員的一天

為了讓大家更了解空服員實際在飛機上的工作情形，我們來看看「空服員的一天」，來了解空姐上班的實際細節吧！

假設是 10 點起飛的航班，以飛到東京 NRT 兩個半小時的航程為例：

起飛前兩小時要到機場報到，若車程一小時，化妝、綁髮、整裝的時間就要再往前推一小時。

在家就要先化好妝，到辦公室再綁好頭髮。如果是從外站飯店出發，那在集合前就要先起床梳洗、吃完早餐，再全副武裝整妝完畢才能在座艙長的面前出現。而且，這裡有個小密技，年資最淺的一定要早點到！有些日商的潛規則是要最早到，才有禮貌。如果頭髮亂，又匆匆忙忙衝去集合，是會被白眼的喔。

## 工作流程圖

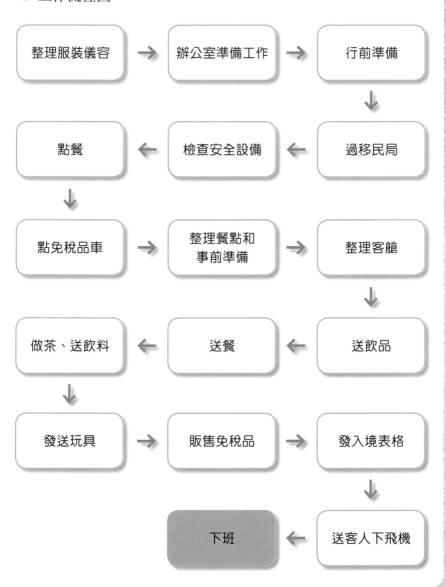

整理服裝儀容 → 辦公室準備工作 → 行前準備 ↓

點餐 ← 檢查安全設備 ← 過移民局 ↓

點免稅品車 → 整理餐點和事前準備 → 整理客艙 ↓

做茶、送飲料 ← 送餐 ← 送飲品 ↓

發送玩具 → 販售免稅品 → 發入境表格 ↓

下班 ← 送客人下飛機

## 工作細項說明

### 整理服裝儀容

提早起來化妝、打理服裝儀容，並以不慌不忙的姿態抵達集合地，是最基本的禮儀。

### 辦公室準備工作

航空公司規定 1 個小時 45 分或 2 個小時前到辦公室的原因，除了要避免交通的意外狀況，就是要組員提早到辦公室做準備，看公告欄有沒有新規章之類的（現在大部份航空公司都已改成 Ipad），也希望空服員能查看班表，再次確認今日的航程、複習本次班機各個位置的逃生路線、順序。

### 行前準備

由全機空服員一起做行前簡報，我們叫 Briefing。這時，我們要確認工作位置，由座艙長跟每個人確認自己區域的逃生方法。座艙長會抽考，還要檢查「BIBLE」也就是上班必須要帶的那兩本 manual（我們戲稱為聖經），以免有人忘了帶。

### 檢查安全設備

上機後，先檢查自己機門的安全設備，例如：Jump seat 下方的組員救生衣、手電筒、demo 救生衣、檢查逃生門有沒有緊閉，以及確認安全帶是否可正常使用等等。

### 點餐

廚房的人要跟餐勤人員確認上了多少 Entrïe（主餐）、特別餐種類、份數，接著再準備飲料車、檢查飲料車裡的白酒和冷飲有沒有冰。廚房的工作很細，小如奶精、糖包，大如餐車的 pre-set 都要快速在 boarding 前做完。通常在國籍航空來說，都是飛了三個月到半年後，才會開始分派到廚房的工作。

### 點免稅品車

在飛機內窄小的空間，免稅品都是擺在前面和後面廚房的車子裡，又稱「免稅品車」。上機前，組員要清點今日的免稅品，方便之後的販售。這裡有個小故事：某次飛機清點時，組員發現貴重珠寶只剩下盒子，而不見本體！組員立刻得寫報告並跟座艙長回報。東西不見，責任歸屬很重要，組員一天的薪水才多少，千萬不能賠錢呀！所以在點免稅品車時，一定要很仔細確認。

### 整理餐點和事前準備

組員會把車子內的飲料、紅白酒先擺好立起來，稍後等客人選飲料時，客人才能一目了然，知道該次航班提供哪些飲料；服務旅客飲料時，作業時間可以拉短，也比較流暢。

### 整理客艙

除了整理廚房的人，其他人沒事嗎？不是喔！組員會分配工作，像是排報紙、整理枕頭、毛毯、雜誌排列、檢查客艙的整潔等，都是需要空服員細心的投入。

## 送飲品

看看這琳瑯滿目的果汁、紅白酒、啤酒，就知道空服員一個人一台餐車，還外加一堆飲料有多重！組員還常常因為趕時間，在飛機還沒飛至水平線時，就要推車出去送餐和飲料⋯⋯所以千萬別再說空服員的工作看起來很輕鬆了！

## 送餐

商務艙的餐點比較精緻，以前我剛飛的時候還有前菜的程序，後來短程線就簡化成一次上餐（如圖）。客人用餐後，組員會再換甜點盤、奉上熱飲。商務艙的餐點用完後，有甜點，還有巧克力和餐後酒喔。

## 做茶和送茶、咖啡等熱飲

等送完餐後，就是空服員開始泡茶、送茶、咖啡等熱飲的時候了，這也是送餐的最後一個程序。

### 發送玩具

玩具限 12 歲以下的兒童使用，如果旅客訂了兒童餐，也可以向空服員索取兒童玩具。很多人喜歡兒童玩具，因為覺得很特殊，還是該航空公司特製的，很具有紀念價值，因此很多大人會特別跟空服員索取兒童玩具。瑞秋老師遇到不少次是爺爺級的旅客，說是想要帶兒童玩具回去給孫子做紀念！這時我們就會統一回覆：「爺爺，請等一下喔，我們先發給在飛機上的小朋友。如果還有多的玩具，等一下再給您好嗎？」

玩具通常都不會發完，但以免其他人看到也會一窩蜂索取，所以我們都會另外用小紙袋，把玩具包在裡面，再給客人。

## 販售免稅品

大家有個既定印象，以為空服員送送餐點、咖啡、茶後，就沒事去休息了，其實才、沒、有！我們還要賣免稅品呢！而且據我所知，台灣的航空公司免稅獎金非常不值得期待。目前「平價航空」，如台灣虎航的免稅獎金在國籍航空中是最高的！

很少有空服員喜歡賣免稅品，因為要承擔賣錯商品或商品遺失的風險，又要額外花時間清點免稅品，更常常有客人因為買不到商品大呼小叫；或是，要降落了才突然想要買免稅品……有一次，某個旅客想買免稅品，可是因為飛機已在滑行中不可以賣了，不過座艙長很鼓勵，因為有業績嘛（唉，只能說人在江湖身不由己！）

## 發入境表格

在忙完送餐、免稅品販售後，組員就會開始發放入境表格，身上也要多帶幾隻筆，方便直接給沒有筆填寫表格的乘客。

## 瑞秋空姐專欄

# 空服員的空中生活 Q&A

### 1. 空服員在哪時候才可以用餐？

忙完後，組員才能抽空用餐；若沒空，就等客人下機的中間空檔吃兩口。因此，很多空服員有胃病，因為我們常常要不是餓過頭，要不就是時間不夠必須要趕快吃完，胃藥幾乎是身上的常備藥。而且，組員在飛機上用餐都是站著吃，不僅要擔心被闖進廚房的客人看到吃飯的樣子，也要隨時保持警覺，以便回應 call button……吃個飯常常不能安心吃，所以過了用餐時間，下飛機才買點東西隨便應付一下的情況也常發生。

### 2. 乘客下飛機後，空服員還有什麼工作？

**點免稅車結帳 > 送旅客下機，檢查是否有遺忘物品 > 回辦公室 Debriefing > 下班**

回到辦公室後，座艙長會跟大家討論今天航班的狀況：有哪些需要留意的地方、有沒有特殊的乘客、算免稅品的錢有什麼異常等等。其實大部分的人在這個時候，都是恍神的狀態。

## 3. 空服員的升遷管道？

空服員的升遷管道很少，以國內升遷制度最快的長榮航空來說，空服員要做大概四年才會升 DP（即所謂的副事務長）；接著看每個人的表現，也許再 5 年或再 8 年才會輪到升 CP（事務長）；華航則是因為座艙長的職缺少，空服員的升遷就更侷限了。

## 4. 長期飛行，會造成健康的負擔嗎？

空服員的工作其實算是勞力型的工作，行李重、餐車也重，還得拿著很重的熱飲巡艙……若體型比較嬌小或沒有力氣，比較不容易勝任這份工作。除此之外，空服員還需要在空中適應氣壓、飛長程要調整時差，接觸的旅客多又容易被傳染感冒，健康狀況往往會比起進這行前來得差一些。如果沒有養成運動習慣，在這行就沒有辦法做得久。

瑞秋老師有個同學，做了一年多後突然發生「密閉空間恐懼症」，登機門一關，她就開始覺得無法呼吸，喘不過氣；也有人是長期睡眠品質很差，需要靠藥物才能入睡；還有人因為子宮前傾、後傾，最後因為健康狀況不佳，不得不離開這一行。

想當空服員之前，先確認一下自己的生涯規劃，想做多久的空服員？有沒有良好的身心體能來做這份工作？是否很想有自己的職稱？先了解自己的性向，做好心理準備，才不會因想像與現實差距大而失望喔。

# 國籍航空與外商航空的差異

國籍航空通常是指「航空公司設立在台灣」的公司,目前有:

- 中華航空
- 長榮航空
- 星宇航空
- 台灣虎航(華航旗下)
- 立榮航空(立榮旗下)

外商航空為不在台灣設立的公司,像是:

- 卡達
- 泰國酷鳥
- 酷航
- 日本航空
- 樂桃航空
- 阿聯酋
- 新航
- 全日空
- 香草航空
- AirAsia

陸商航空則是泛指大陸的航空公司,最近兩年在台招募的有:

- 海南
- 廈門
- 福州
- 吉祥航空

以下是曾在台招募的外商航空公司基地,對外商航空有興趣的同學可以參考看看,先做做功課了解該國文化,因為考官一定會問喔!

| 航空公司 | 基地(考上後的居住地) | 航空公司 | 基地(考上後的居住地) |
|---|---|---|---|
| 阿聯酋航空 | 杜拜 Dubai | 卡達航空 | 多哈 Doha |
| 新加坡航空 | 新加坡 Singapore | 酷航 | 新加坡 Singapore |
| 欣豐虎航 | 新加坡 Singapore | 酷鳥航空 | 曼谷 Bangkok |
| 微笑航空 | 曼谷 Bangkok | 海南航空 | 北京 Beijing |
| 吉祥航空 | 上海 Shanghai | 福州航空 | 福州 Fuzhou |
| 廈門航空 | 廈門 Xiamen | 國泰航空 | 香港 Hong Kong |
| 香港航空 | 香港 Hong Kong | 澳門航空 | 澳門 Macau |
| 樂桃航空 | 大阪 Osaka | AirAsia | 馬來西亞 Malaysia |

# 國籍航空 VS 外商航空

## 差異 1：薪水

外商因為基地在國外，薪資計算依當地物價水平而略有不同，也因為有房屋津貼補貼，通常薪水會比台灣的空服員稍高一些。

## 差異 2：休假

以特休來說，台灣的航空公司遵照勞基法，滿一年享 7 天年假；外商航空公司通常一入職就可以依比例分配到 10-14 天不等的假，每年的休假日數多於台灣的航空公司。

## 差異 3：文化

在台灣航空公司工作，因為是本國人所以沒有文化差異的問題，當然也不會有被歧視的情況發生；但是在外商，因屬外籍組員，偶爾就會遇到人際關係上的障礙，甚至被該國本國籍組員排擠。這種情形每一家都會發生，適應與否只能說見仁見智了。

## 差異 4：制度

台灣的航空公司不論空地勤，都注重「倫理、禮貌、紀律」（不少人應該都耳聞長榮航空公司的學長姊制度很重）；很多人以為外商沒有學長姊制，台灣才會這麼嚴格。其實，進入任何一家公司，前後輩的尊重本來就是必要的禮貌，先入社的前輩誰不希望遇到做事積極，說話有禮的後輩呢？既然是新人，當然很多事情都需要前輩的幫助才能上手，所以不管在外商還是本國籍的航空公司，都要以禮相待，因為禮貌代表的不僅是一個人的氣度，也是對別人的最基本尊重。

在飛機上或是機場工作都是需要團隊精神的，舉例來說，華航很注重前輩與後輩的關係和禮貌；新航、日航、全日空也很注重工作職場文化及禮儀，這是航空界的重要潛規則。我們常開玩笑說，只要把「學姐我來、學姐您休息我去 call button…」、「看到會動的就問好」，就能保證平安結訓。

在空服界常說：「只要學得快、學得好、做事積極有禮貌，凡事先請教」，就可以在這份工作上如魚得水，工作得很開心！

# 空服員未來的生涯規劃

空服員這個行業其實是很辛苦的，在時間上需要常常調整時差，體力上則因為連續工作時數長以及常搬重物、推餐車等，在飛行時受傷的機率大，所以工作年限比別的行業短。

根據瑞秋老師的觀察，男性的體能比較能適應這份工作，在這個行業能做到退休的，也多是男性；女性空服員則通常受到體能、健康狀況、家庭的規劃等因素而選擇轉職。

## 退役空服員的生涯規劃

從人力銀行的調查中，可以看到現在很多服務業都喜歡有空服員經驗的人，許多雇主都會在職缺欄備註：「歡迎有空服員經驗」的人來轉職。舉凡像餐飲業、飯店業、物業管理的豪宅秘書、航空公司的地勤、董事長特助秘書等，都會特別如此備註。

由於企業對第一線服務人員的要求愈來愈高，也期待能藉由專業的門面來提昇整體企業價值（空服員又有服務業中最高標的服儀標準），因此，服務業的服儀標準愈來愈傾向朝空服員的服儀標準邁進，舉凡像是綁包頭或法式盤髮等，端莊的儀態、套裝的講究、標準的服務用詞，都轉化為高端企業的要求。從空服員職位退役下來的人，可以轉職至這樣的公司，成為培訓新人的第一線主管。

當然也有人是一開始進這行就打算只做兩三年，體驗一下人生，合約滿了就轉職。在這段飛行期間，她們努力收集各航點，到當地努力體驗當地生活，不少瑞秋老師的學生還成為專業的部落客呢！也有許多空姐退役後重新拾回自己的專業技能，例如去台積電工作、考金融證照進入證券業、回去當醫師和護理師、教師等等。

有專業技能的人，能無後顧之憂去考空服員，做個兩三年後再重新投入原本的職場；也有人是在當空服員的期間去學了一技之長，進而在合約期滿後成功轉職。這些都是轉職成功的案例，不要怕自己沒辦法再找工作，因為空服員的工作能幫助我們在面對人群時更有自信，應對也更得心應手。

轉職另一種不錯的選擇是，考進同公司的地勤職務。這樣做有什麼好處？第一可繼續累積年資，第二內部轉調考試競爭會比外面少，所以有不少組員在每年公司釋出地勤職缺時轉職。如果不允許內轉，也可以先考別家航空的地勤再辭職。很多人在懷孕時期擔任地勤，也剛好在這段時間了解地勤工作，發現這才適合自己，因此生完小孩後就去考地勤。

如果一開始就知道自己不會做很久的空服，不妨考慮在地勤招募時就先去面試，因為也許接下來幾年都沒有地勤缺額，所以如果在一開始就知道自己的人生規劃，不如趁早去地勤卡位。

瑞秋老師擔任大學講師時，帶學生去桃園機場參觀。

# 適性測驗：你適合當空服員還是地勤？

許多人在報考空服員前，沒有先仔細評估自己的個性、興趣以及未來規劃，因此建議在踏出第一步前，先冷靜下來，利用以下這個適性測驗，了解真正適合自己的工作類型。

【 適合空勤的人 】

- [ ] 我喜歡接觸不同的人
- [ ] 我喜歡待在飛機上的感覺
- [ ] 辦公室生活讓我待不住
- [ ] 跟很多人說話讓我覺得很有趣
- [ ] 我喜歡餐飲服務業
- [ ] 我每週都有做運動的習慣
- [ ] 我是一個不認床的人
- [ ] 我累了就睡
- [ ] 長時間站立也習慣
- [ ] 我不怕跟陌生人一起工作
- [ ] 有團隊一起工作讓我很開心
- [ ] 我想要快速存第一桶金
- [ ] 我可能只有短期的航空業生涯規劃
- [ ] 我是個性很獨立的人

- [ ] 我沒有一定要跟男友黏在一起
- [ ] 有時間壓力我也沒問題
- [ ] 一個人的生活也很適應

## 【適合地勤的人】

- [ ] 我喜歡用外語跟不同的人接觸
- [ ] 我很擅長網路及電腦打字
- [ ] 我喜歡在機場工作的氣氛
- [ ] 我喜歡比辦公室工作再多一點變化的生活
- [ ] 我喜歡有獨立作業的空間
- [ ] 我有在近幾年步入家庭的打算
- [ ] 我不想一直換工作
- [ ] 我想找長期穩定的工作
- [ ] 我希望可以每天回家照顧家庭
- [ ] 家庭和朋友的每日聯繫對我來說很重要
- [ ] 我想要在工作之餘能學習新事物或培養新興趣
- [ ] 我可能不是體能很好的人
- [ ] 我的體型比較嬌小
- [ ] 我對餐飲服務可能比較沒興趣
- [ ] 我喜歡規律一點的生活
- [ ] 我喜歡自己對生活有主控權
- [ ] 我怕寂寞也不敢自己一個人睡

## 瑞秋空姐專欄

# 空服員的社交圈、背景分析

### ● 空服員的社交圈

瑞秋老師常和朋友們說,十二年的空服員生活真的是九成都綁在半空中,每每飛一趟班回來昏睡到隔天中午不說,就算飛到外站想和朋友們聊聊維繫感情,往往也會被不同的作息時間打消主意。

如果沒有網路,空服員的生活和地球上的點點滴滴就像平行線一樣錯開,非常 isolated。因此當空服員必須要有很獨立的個性,一個人睡、一個人吃飯、看書、逛街也能自得其樂,且對愛情需求沒那麼強的人,這份工作才會做得比較長久。

一般空服員的合約都是兩到三年,做不滿要離職的話還要賠違約金,所以即使再不合適通常也會撐到合約滿再轉職。

### ● 報考者背景分析

許多公務員(如:警察、郵政人員、教師)因為覺得辦公室工作太一成不變,因而想考空服員,即便我們勸說公務員的鐵飯碗放棄了會很可惜,也依然不為所動;還有一部分的人學有專長,像是有護理師執照、獸醫、牙醫、美容美髮師、律師、教師等資格的人,也有一個空姐夢,因為有專業背景,進可攻退可守,所以來當空服員增加人生經歷,是很值得鼓勵的。

## ● 收入分析

以存錢的角度來看，在合約到期前兩三年時間，以每個月六萬的薪水來說，一個月如果存三萬，至少一年就能存三十六萬，比起一般上班族一個月三萬多的薪水減掉開銷能存至少一倍以上。節省一點的話，三年存到一百萬不是夢想。在現今環境不景氣的台灣，真的很吸引人。

不過，如果走完適性測驗後發現自己可能只是對「空服員的光環有短暫的迷戀」，其實內心最終還是「渴望未來可以每天照顧家人小孩」，那除了空服員的工作，你或許更適合地勤的工作。

Chapter 2

# 認識地勤人員

# 地勤人員工作介紹

航空公司有許多除了飛航組員以外的職缺，像是總公司的行政人員、機場運務人員、貨運部人員、電話客服人員、組員調派中心、維修中心等六大類別。工作地點通常依公司需求，分派至各機場及公司單位。以下是幾個常招募的地勤工作介紹：

## 機場運務人員的工作與福利

機場運務人員是航空公司和旅客第一個面對面接觸的單位。運務人員的工作主要是在機場櫃檯辦理旅客報到手續，像是：

» 查驗護照
» 確認簽證
» 確認機上餐點及座位
» 行李過磅
» 提供現場機票購買方式
» 確認是否攜帶危險物品

機場運務人員還需要與配合的空中廚房聯繫旅客餐點數量、失物招領、貨物及寵物寄送等工作，所以機場運務的工作強度是非常緊繃的，也跟空服組員一樣需要配合班機的調度輪班。

## 運務人員工作流程

 飛機起飛前三小時開會（了解今天有哪些特別的客人、餐點、轉機旅客） →  起飛前 2 小時準備開櫃

 起飛前 40 分鐘準備關櫃 ←  幫旅客辦理登機手續和劃位、掛行李

 分組前往登機門準備登機手續 →  起飛前 20-30 分鐘準備登機廣播

 關機門前要印出座位表、C/Y 艙的總人數、座位表及卡客名單給座艙長 ←  開始登機

 確認旅客都上機 →  關門送機

# 運務人員薪資結構

在機場工作的好處,就是早晚班的津貼比較高,以下以華航全職地勤為例:

薪水:
底薪＋交通津貼＋早晚班津貼＋餐食津貼

| 項目 | 薪資 | 備註 |
|------|------|------|
| 起薪 | 26,360 元 | |
| 交通津貼 | 1,800 元 | |
| 伙食津貼 | 1,800 元 | |
| 早班津貼 | 200 元 | 五點以前的班會發放津貼 |
| 勞健保 | 約 1,200 元 | 扣款 |
| 休假日 | 自由排班 | 月輪休 8~15 天 |

# 運務人員的福利

為什麼很多都認為：考不上空服員，考上地勤也很好呢（我們常講的地勤，其實就是「機場運務人員」）？

因為運務人員的許多福利跟空服員相同！運務人員本人及直系血親，皆可享有免費票（點數制），也可購買聯盟的航空公司機票，以 ID90、ID75、ID50 買到超低價的折扣票。

曾經有學生說，當了地勤才發現地勤工作的美好（有休假、有人生）。如果計畫安排出國旅遊，月休可以休 14-15 天，還曾經開過一張大陸線的票到北京，來回才台幣 1400 元，比搭北高線高鐵還便宜一半！也因為地勤人員的排班自由，福利與空服員相等，又能兼顧家庭生活，職業傷害比空服員少，因此很多人進入運務地勤工作後，都決定不再轉職空服員。

除了上述的福利外，運務人員也有額外的交通費補助。運務人員的班表需配合飛機起降的時間上下班，跟空服員一樣需要輪班工作，所以上班時間不如一般朝九晚五，交通費的補助也比一般在總公司上班的行政人員多。

## 員工票的奧祕

員工票又稱 ID（Industry Discount）票，而 ID90、ID75、ID50、ID100 分別代表票價 90% off、75% off、50% off、100% off，但機場稅需要自己負擔。

## ● 運務人員的班表說明

**時薪人員**：四小時為一個班，可加班至一天八小時（超過四小時就算加班，加班一天上限十二小時）。

**全職人員**：八小時一個班。加班一天上限十二小時。

以華航地勤為例，地勤分為負責華航班機的「本家小組」，以及負責代理其他航空公司的小組。舉例來說，日航小組的班機最早八點起飛，負責日航櫃檯的小組就是上早上 0600 的班型；如果是菲律賓航空小組（菲航最早是 0900），那早上七點就要準備開櫃讓旅客辦理登機手續。

| 班別 | 上班時間 |
| --- | --- |
| 早班 | 0500-0900，往後加八小時，可能每小時一個班型 |
| 午班 | 1100-1300 開始一個小時一個班，往後加八小時 |
| 晚班 | 1430-1600 開始一個小時一個班，往後加八小時 |
| 大夜班 | 2230~ |

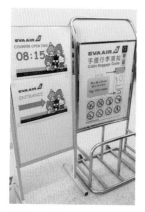

運務人員的工作之一：協助旅客辦理報到。

秤重機秤好重量後，運務人員須貼上行李條。

## 華航地勤班表型態示範

| 2017/12/04 MON | 2017/12/05 TUE | 2017/12/06 WED | 2017/12/07 THU | 2017/12/08 FRI | 2017/12/09 SAT | 2017/12/10 SUN |
|---|---|---|---|---|---|---|
| 0530A | 0530A | Z | 0500A | 0530A | 0700A | R |
| 1200A | Z | 0500A | 0530A | 1000A | R | 0530A |
| Z | 07 | A8A | A8A | 1200A | 0500A | 2230A |

**A8A：**

指定休假（班表排定當天不可到班工作或接班、換班）

**R：**

代表當天休假，但可以選擇加班（時數上限 8 小時）

**Z：**

代表休假（一例一休之規定，班表代碼為 Z 當天不可接班，以免連續七日工作）

**0500A、0700A：**

八小時班型（正職基本工時為 8 小時；時薪人員為 4 小時。班型代碼為 D ，例如：0500D、1200D）

**2230A：**

大夜班班型是 2230-0630，也就是晚上 10：30 到隔天 06：30

# 其他地勤工作職掌

## 機務維修人員

在地面上擔任航空器機體、發動機及通信電子維護工作的人員，民航法上稱之為「地面機械員」。主要工作除了飛機機械故障維修外，飛航前後的檢查、過境維護、故障排除以及飛機的過夜總檢查等，也是工作項目之一。維修內勤人員工作地在修護中心，外勤人員則在機坪。

機務維修的工作環境噪音大，且需要長時間在悶熱的氣溫下工作，不過，現在長榮航空會全天開放冷氣，讓維修人員能在更舒適的環境下工作，上班時間亦是輪班制，需具備英文能力。

薪資
約 3 萬元

機務人員在檢查機輪起落架。

## ⬤ 客服人員

客服人員的工作內容包含訂位、訂餐、提供會員專屬服務、處理客訴、發送班機更改通知及處理線上電話。旅客出國前，會先向航空公司或旅行社訂位後再行開票，如旅客因宗教信仰或其他原因須訂製特別餐，也可以打電話給客服專線。如果是無成人陪同的

孩童，則可以向航空公司要求 UM（Unaccompanied Minor，無同行之未成年者）服務；殘障人士或受傷旅客需要額外服務，或是寵物運送、加買機位放過大行李、轉機訂旅館、目的地租車等特別需求，都可以透過線上客服，提出需求。

客服人員是航空公司服務旅客的第一線員工，需要與各國顧客互動並回答各種疑問，除了需要熟悉電腦系統的操作外，也要有良好的英文應對能力，有的航空公司甚至會要求日、韓語的會話能力。另外，由於客服人員需長時間坐在辦公室回電話，因此需要有恆心、耐心，以及專業的口語對應能力。

> **薪資**
> 約 3 萬元

## ⬤ 票務人員

票務人員工作內容主要是：開票、計算票價、代訂旅館、租車，以及提供旅行社票券服務。現在的航空公司都有全球訂位系統，可以即時查詢班機座位狀態。因為機票種類繁多，除了有頭等艙、商務艙、豪經艙、經濟艙的個人機票外，另有針對不同族群提供的機票如：團體票、遊覽票、學生票等（促銷票也分艙），各種票價及使用都有其規定，因此票務人員對公司各種票務規定都必須非常熟悉。

> **薪資**
> 約 3 萬元（福利與地勤人員相同）

### ● 簽派員

簽派員須具有駕駛員及領航員所應有的一般航空知識,並經民航局檢定合格,核發執照後才可勝任。簽派員的主要工作為:飛行計劃與航機簽派。

航行計劃擬訂後,即可向機場申請飛航;簽派員需要計算飛機載重平衡、油料重量及貨運重量等 weight and balance,之後與飛行員簡報確認,飛行員才能過海關,進入機艙做起飛前的各項準備。

> **薪資**
> **約 4 萬元(福利與地勤人員相同)**

### ● 組員派遣中心

不需要有飛行經驗就可以應徵派遣中心的組員工作。主要的工作為:負責空服員的每月班表、協調組員請假、班機變動等人力調度的抓飛、組員的休假及工作時數的調整等,可說是組員每個月的心情控制機。

> **約 2.6 ~ 3 萬元**
> **由於需配合班機調度,**
> **所以也需要輪班**

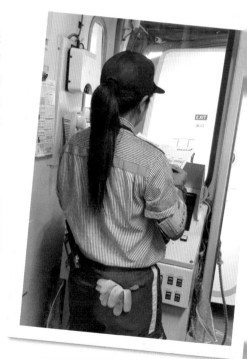

操作空橋的地勤人員。

## ● 其他類別的地勤人員

其他類別的地勤人員包含：貨運部的地勤、總公司的行政人員、桃園機場的空廚、客艙整理人員等等，都是屬於廣義的地勤工作範圍。

這些工作職缺通常可以在各大人力銀行網站上找得到，起薪薪資約在 2 萬初，若沒有工作經驗且備有高中職以上學歷者（且對航空業有興趣），都可以應徵看看，增加經驗。

負責下行李的地勤人員。

參訪華航修護工廠。

機艙門實景。

# 地勤人員考試流程

地勤考試該如何準備？如果想考地勤，也想考空服員，要分開課程報名嗎？其實，面試流程都是雷同的，除了地勤應試的人數稍微比應徵空服員的人少一些外，關卡少一兩個，其他的部分都很相似。

以華航 2017 年的招募來說，為了節省招募人力成本，空服、地勤甚至一起考試，優點是一魚兩吃，錄取的機率高一些，因為即使考官認為你不適合空服員，也至少可以考慮把你放在地勤的職缺中。

但這也是有缺點的，因為在所謂的聯合招募之前，華航地勤面試不用摸高、不用做 120 題的適職測驗；而現在不但要摸高，還要跟考空服員的考生們一起進行比較複雜的面試關卡。

長榮和華航地勤人員的線上履歷與空服無異，唯一的差別是：長榮空服線上履歷要放全身的生活照，而地勤的履歷只需要大頭照。

---

**大頭照的拍攝秘訣**

大頭照只要能展現你的朝氣感、神采飛揚的感覺，就是一個很好的開始。以下這兩位的大頭照都成功拍出燦爛的感覺喔！

## 華航空服、地勤聯合招募考試流程

**線上履歷報名**
附大頭照

↓

**初試**
摸高　朗讀中英短文

↓

**複試**
自我介紹提問　小組互動題

## 長榮航空運務人員考試流程

**線上履歷報名**
附大頭照、生活照

↓

**初試**
看圖說故事（中文）　短文朗讀（英文）

↓

**筆試**
英文筆試 30 分鐘　適職 40 分鐘 心算 10 分鐘

↓

**英文面試**
抽信封回答裡面的英文題目

↓

**中文面試**
從履歷自傳、適職測驗中提問

# 客服人員的招募流程及審核標準

很多人對行政單位的地勤招募不是很了解，也有許多疑問，這裡以華航的地勤為例，說明客服人員的招募流程。請考生注意，每年形式都有些許變化，其中，英文朗讀的文章也會比空服的難一些。

**Q 上班地點在哪裡？**

**A** 松山機場旁的華航松訓處。

**Q 工作性質與內容是什麼？**

**A** 接聽來電、幫旅客訂位、提供會員服務、填寫各部門包括空服人員的客訴單，以及提供各種諮詢，工作內容幾乎是無所不包。

**Q** 工資如何計算？

**A** 約 130 元 / 時，正常上班時數為四小時，超過四小時算加班，但時薪計算一樣。

**Q** 試用期？

**A** 三個月。

**Q** 有轉調其他單位的可能嗎？

**A** 有。在華航滿兩年年資，只要內部有單位招人，即可投履歷報名。招聘單位會將你的多益成績及原單位考核調出來做審核。

**Q** 受訓期間有薪水嗎？

**A** 不論空服或地勤都一樣，受訓時不算正式人員，只有車馬費一天 300 元左右（含餐費）。松訓區有簡單的自助餐（員工餐廳），也可搭交通車節省車資。

---

— 瑞秋的小叮嚀 —

2017 年起，華航客服人員的招募就改為正職人員，不過接下來會招正職或是時薪人員，則要看當年度的人力需求來決定。如果是時薪人員，依照華航的流程，一般只要年資滿兩年，就有機會升正職人員。正職人員正常班是八小時，時薪人員一個班是四小時，可以連續接兩個班。有些資深且沒有經濟壓力的學姐會婉拒升正職的機會，因為上班時間比較彈性，上班四小時後下班接小孩或去銀行辦事情都很方便。

## ● 客服人員招募流程

以下以華航客服人員招募系統為例，說明考生寄完線上履歷後，應該如何準備後續的考試。

---

### 初試：電話甄試

- 測試語音聽力及反應
- 從數個題庫中挑一篇文章，唸完文章後回答問題

---

### 複試：打字測驗

- 中、英文打字
- 網頁操作筆試及實機測驗

---

### 最後面試

- 職能行為指標
- 整體表現

# 地勤受訓內容

地勤與空服員受訓不一樣的地方在於：地勤工作是個需要花大量的時間，熟背各項指令的工作。舉例來說，地勤人員的工作內容有：

傳電報給各單位

幫顧客訂位
（航空公司常用的訂位系統是 Amadeus 和 Abacus）

安排特別餐

特殊行李攜帶安排

註記特殊旅客

註記卡客

## ● 地勤工作：須熟悉各種指令

除了要把旅客的資料從電腦系統裡叫出來外，也要直接打指令；幫旅客訂票時，也要輸入機場代碼，所以，這是個不熟悉指令，就無法存活於其中的世界。

## ● 機場地勤代理公司

台灣的外商航空多半都由華航或長榮代理機場地勤作業，想考地勤的考生可以先了解華航和長榮分別為哪些航空公司代理業務。另外，餐點及特殊旅客的類型和慣用簡稱若可先了解，日後工作起來也會相對輕鬆。

## 特殊餐點的代號說明

| Light Meal | | |
|---|---|---|
| LCML | 低卡餐 | Low Calorie Meal 低卡路里飲食 |
| FPML | 水果餐 | Fruit Plate 要求水果當餐，則不再供應正常餐 |
| RVML | 生菜餐 | Raw Vegetarian Fruit Meal 西方生菜、煮青菜等 |
| SFML | 海鮮餐 | Seafood or Fish Meal 海鮮類 |

| Vegetarians | | | |
|---|---|---|---|
| AGML | | 無奶有蛋 | 無奶及其製品，無蔥、薑、蒜等之素食 |
| ANML | 中式 | 無奶無蛋 | 無蛋、奶及其製品，無蔥、薑、蒜等之素食 |
| ALML | | 有奶有蛋 | 有蛋、奶及其製品，有蔥、薑、蒜等、無肉類之素食 |
| VGML | | 無奶有蛋 | Non Dairy Western Vegetarian Meal 不含乳製品之西式素食 |
| VNML | 西式 | 無奶無蛋 | VGML FOR NO EGG 如上但無蛋 |
| VLML | | 有奶有蛋 | Western Vegetarian Meal 沙拉、蛋、起司、水果等 |

| Babies and Children | | |
|---|---|---|
| BBML | 嬰兒餐 | 奶粉註明品牌：BBML / KLIM MP FOR INF |
| DPML | 尿布 | 尿布註明 SIZE：DIAPER M-SIZE FOR INF |
| CHML | 兒童餐 | 嬰兒亦可要求：BBML CHML FOR BIG INF |

| Religious Meal | | |
|---|---|---|
| HNML | 印度餐 | Hindu Meal 葷食，無牛肉及其製品 |
| KSML | 猶太餐 | Kosher Meal 當日要求務必洽詢餐服組，取得同意，使輸入於 PNR |
| MOML | 回教餐 | Moslem Meal. Without Pork and its Products 不吃豬肉及其製品 |

| Special Moment Meal | | |
|---|---|---|
| BDML | 生日蛋糕 | BIRTHDAY CAKE |
| HMML | 蜜月蛋糕 | HONEYMOON CAKE |

| Health Care Meal | | |
|---|---|---|
| BLML | 軟質餐 | Soft Blend Diet, Oily/ Salt/ Spicies Free 清淡無刺激性飲食，老人適用 |
| LQML | 流質餐 | Liquid, soup, fruit juice, egg custard, jelly food. 咀嚼、吞嚥困難等族群適用 |
| GFML | 無麵筋餐 | Gluten Free Meal 對麵筋 / 麩類過敏體質者 |
| HFML | 高纖餐 | High Fiber Meal 富含高纖維飲食 |
| LFML | 低脂餐 | Low Cholesterol、Low Fat Meal 低膽固醇、低脂；高血脂患者飲食 |
| LPML | 低蛋白餐 | Low Protein Meal 腎病患者飲食 |
| LSML | 低鈉無鹽餐 | Low Sodium、No Salt Meal 高血壓、腎病患者飲食 |
| PRML | 低普林餐 | Low Purin Meal 痛風患者飲食 |
| DBML | 糖尿病餐 | Diabetic Meal 糖尿病患者飲食 |
| NLML | 無乳糖餐 | Non Lactose Meal 乳糖不耐症患者飲食 |
| ORML | 東方餐 | Orient Meal 東方式餐，為葷食 |

## 航空公司代碼及在台灣的代理公司

| 航空公司名稱 | 英文名稱 | 代號 | 在台代理公司 | 機場位置 |
|---|---|---|---|---|
| 長榮航空 | EVA AIR | BR | | 第一航廈 1 樓<br>第二航廈 3 樓 |
| 上海吉祥航空 | JUNEYAO AIRLINES | HO | 長榮航空 | 第一航廈 1 樓 |
| EASTAR JET 易斯達航空 | EASTAR JET | ZE | 長榮航空 | 第一航廈 1 樓 |
| 春秋航空 | SPRING AIRLINES | 9C | 長榮航空 | 第一航廈 1 樓 |
| Vanilla Air 香草航空 | VANILLA AIR | JW | 長榮航空 | 第一航廈 1 樓 |
| THAI 泰國航空 | THAI AIRWAYS | TG | 長榮航空 | 第一航廈 1 樓 |
| VietJetAir.com 越捷航空 | VIET JET AIR | VJ | 長榮航空 | 第一航廈 1 樓 |
| SCOOT 酷航 | SCOOT | TR | 長榮航空 | 第一航廈 1 樓 |
| 酷鳥航空 | NOK SCOOT | XW | 長榮航空 | 第一航廈 1 樓 |

| 航空公司名稱 | 英文名稱 | 代號 | 在台代理公司 | 機場位置 |
|---|---|---|---|---|
| peach 樂桃航空 | PEACH AVIATION | MM | 長榮航空 | 第一航廈 1 樓 |
| 韓亞航空 | ASIANA AIRLINES | OZ | 長榮航空 | 第二航廈 3 樓 |
| AIR BUSAN 釜山航空 | AIR BUSAN | BX | 長榮航空 | 第二航廈 3 樓 |
| 香港航空 | HONG KONG AIRLINES | HX | 長榮航空 | 第二航廈 3 樓 |
| ANA 全日空航空 | ALL NIPPON AIRWAYS | NH | 長榮航空 | 第二航廈 3 樓 |
| 立榮航空 | UNI AIR | B7 | 長榮航空 | 第二航廈 3 樓 |
| 加拿大航空 | AIR CANADA | AC | 長榮航空 | 第二航廈 3 樓 |
| 中華航空 | CHINA AIRLINES | Cl | | 第一航廈 1 樓 第二航廈 3 樓 |
| 大韓航空 | KOREAN AIR | KE | 中華航空 | 第一航廈 1 樓 |

| 航空公司名稱 | 英文名稱 | 代號 | 在台代理公司 | 機場位置 |
|---|---|---|---|---|
| 四川航空 | SICHUAN AIRLINES | 3U | 中華航空 | 第一航廈 1 樓 |
| 印尼航空 | GARUDA INDONESIA | GA | 中華航空 | 第一航廈 1 樓 |
| 阿聯酋航空 | EMIRATES | EK | 中華航空 | 第一航廈 1 樓 |
| 真航空 | JIN AIR | LJ | 中華航空 | 第一航廈 1 樓 |
| 馬印航空 | MALINDO AIR | OD | 中華航空 | 第一航廈 1 樓 |
| 馬來西亞國際航空 | MALAYSIA AIRLINES | MH | 中華航空 | 第一航廈 1 樓 |
| 菲律賓航空 | PHILIPPINE AIRLINES | PR | 中華航空 | 第一航廈 1 樓 |
| 越南航空 | VIETNAM AIRLINES | VN | 中華航空 | 第一航廈 1 樓 |
| 德威航空 | T'WAY AIRLINES | TW | 中華航空 | 第一航廈 1 樓 |

| 航空公司名稱 | 英文名稱 | 代號 | 在台代理公司 | 機場位置 |
|---|---|---|---|---|
| JEJUair 濟州航空 | JEJU AIR | 7C | 中華航空 | 第一航廈 1 樓 |
| 華信航空 | MANDARIN AIRLINES | AE | 中華航空 | 第二航廈 3 樓 |
| 深圳航空 | SHENZHEN AIRLINES | ZH | 中華航空 | 第二航廈 3 樓 |
| 廈門航空 | XIAMEN AIR | MF | 中華航空 | 第二航廈 3 樓 |
| 新加坡航空 | SINGAPORE AIRLINES | SQ | 中華航空 | 第二航廈 3 樓 |
| 海南航空 | HAINAN AIRLINES | HU | 中華航空 | 第二航廈 3 樓 |
| 中國國際航空 | AIR GHINA | CA | 中華航空 | 第二航廈 3 樓 |
| 日本航空 | JAPAN AIRLINES | JL | 中華航空 | 第二航廈 3 樓 |
| 中國南方航空 | CHINA SOUTHERN | CZ | 中華航空 | 第二航廈 3 樓 |
| 中國東方航空 | CHINA EASTERN | MU | 中華航空 | 第二航廈 3 樓 |

| 航空公司名稱 | 英文名稱 | 代號 | 在台代理公司 | 機場位置 |
|---|---|---|---|---|
| 山東航空 | SHANDONG AIRLINES | SC | 中華航空 | 第二航廈 3 樓 |
| 土耳其航空公司 | TURKISH AIRLINES | TK | 中華航空 | 第二航廈 3 樓 |
| 河北航空 | HEBEI AIRLINES | NS | 中華航空 | 第二航廈 3 樓 |
| 宿霧太平洋航空 | CEBU PACIFIC | 5J | 遠東航空 | 第一航廈 1 樓 |
| 捷星太平洋航空 | JETSTAR PACIFIC AIRLINES | BL | 遠東航空 | 第一航廈 1 樓 |
| 景成柬埔寨國際航空 | JC INTERNATIONAL AIRLINES | QD | 遠東航空 | 第一航廈 1 樓 |
| 泰獅航空 | THAI LION AIR | SL | 遠東航空 | 第一航廈 1 樓 |
| 國泰航空 | CATHAY PACIFIC AIRLINES | CX | | 第一航廈 1 樓 |
| 國泰港龍航空 | CATHAY DRAGON | KA | 國泰航空 | 第一航廈 1 樓 |

| 航空公司名稱 | 英文名稱 | 代號 | 在台代理公司 | 機場位置 |
|---|---|---|---|---|
| tigerair 台灣虎航 | TIGERAIR TAIWAN | IT | | 第一航廈 1 樓 |
| Jet★ 捷星日本航空 | JETSTAR JAPAN | GK | 台灣虎航 | 第一航廈 1 樓 |
| Jetstar★ 捷星航空 | JETSTAR AIRWAYS | 3K | 台灣虎航 | 第一航廈 1 樓 |
| 全亞洲航空 | AIRASIA X | D7 | | 第一航廈 1 樓 |
| 馬亞洲航空 | AIRASIA BERHAD | AK | 全亞洲航空 | 第一航廈 1 樓 |
| 菲亞洲航空 | AIRASIA BERHAD | Z2 | 全亞洲航空 | 第一航廈 1 樓 |
| STARLUX 星宇航空 | STARLUX AIRLINES | JX | | 第一航廈 1 樓 |
| 澳門航空 | AIR MACAU | NX | | 第一航廈 1 樓 |
| 聯合航空 | UNITED AIRLINES | UA | | 第一航廈 1 樓 |

## ● 國際機場代碼

| Airport Three Letter Code | | | |
|---|---|---|---|
| Initial Alphabet | Code | Description | Description |
| A | AKL | 奧克蘭 | Auckland |
| | AMS | 阿姆斯特丹 | Amsterdam, Netherlands |
| | ANC | 安克拉治 | Anchorage, Alaska USA |
| B | BKK | 曼谷 | Bangkok, Thailand |
| | BNE | 布里斯本 | Brisbane, Queensland Australia |
| C | CAN | 廣州 | Guangzhou |
| | CDG | 巴黎 | Charles De Gaulle Apt., Paris, France |
| | CGK | 雅加達 | Soekarno, Hatta Apt., Jakarta, Indonesia |
| | CGO | 鄭州 | Zhengzhou |
| | CHC | 基督城 | Christchurch, New Zealand |
| | CJU | 濟州 | Cheju, Republic of Korea |
| | CKG | 重慶 | Chongqing |
| | CSX | 長沙 | Changsha |
| | CTS | 札幌 | New Chitose International Apt., Sapporo, Japan |

| Airport Three Letter Code | | | |
|---|---|---|---|
| Initial Alphabet | Code | Description | Description |
| C | CTU | 成都 | Chengdu |
| D | DLC | 大連 | Dalian |
| | DPS | 峇里島 | Denpasar Bali, Indonesia |
| F | FCO | 羅馬 | Rome |
| | FOC | 福州 | Fuzhou |
| | FRA | 法蘭克福 | Frankfurt |
| | FUK | 福岡 | Fukuoka |
| G | GUM | 關島 | Guam |
| H | HAK | 海口 | Haikou |
| | HAN | 河內 | Hanoi |
| | HGH | 杭州 | Hangzhou |
| | HIJ | 廣島 | Hiroshima |
| | HKG | 香港 | Hong Kong, P.R. China |

| Airport Three Letter Code | | | |
|---|---|---|---|
| Initial Alphabet | Code | Description | Description |
| H | HND | 東京羽田 | Haneda Apt., Tokyo Japan |
| | HNL | 檀香山 | Honolulu(Hawaii) |
| I | ICN | 首爾仁川 | Incheon International Apt., Republic of Korea |
| J | JFK | 紐約 | John F. Kennedy Apt., New York, USA |
| | JKT | 雅加達 | Jakarta, Indonesia |
| K | KHH | 高雄 | Kaohsiung, Taiwan |
| | KHN | 南昌 | Nanchang |
| | KIX | 大阪 | Kansai International Apt., Osaka Japan (OSA), Osaka, Japan |
| | KMG | 昆明 | Kunming |
| | KMI | 宮崎 | Miyazaki |
| | KUL | 吉隆坡 | Kuala Lumpur |
| L | LHR | 倫敦 | Heathrow |
| | LAX | 洛杉磯 | Los Angeles |

| Airport Three Letter Code | | | |
| --- | --- | --- | --- |
| Initial Alphabet | Code | Description | Description |
| M | MFM | 澳門 | Macau |
| | MNL | 馬尼拉 | Manila |
| N | NGB | 寧波 | Ningbo |
| | NGO | 名古屋 | Nagoya |
| | NKG | 南京 | Nanking |
| | NRT | 東京成田 | Narita Apt., Tokyo Japan |
| | NYC | 紐約 | New York, USA |
| O | OKA | 琉球 | Okinawa |
| P | PAR | 巴黎 | Paris, France |
| | PEK | 北京 | Beijing |
| | PEN | 檳城 | Penang |
| | PNH | 金邊 | Phnom Penh |
| | PVG | 浦東 | Shanghai |
| R | RGN | 仰光 | Rangoon |

| Airport Three Letter Code | | | |
|---|---|---|---|
| Initial Alphabet | Code | Description | Description |
| R | RMQ | 台中 | Taichung, Taiwan |
| | ROR | 帛琉 | Koror |
| S | SEA | 西雅圖 | Seattle |
| | SEL | 首爾漢城 | Seoul, Republic of Korea |
| | SFO | 舊金山 | San Francisco |
| | SGN | 胡志明市 | Ho Chi Minh City |
| | SHA | 上海虹橋 | Shanghai Hongqiao |
| | SHE | 瀋陽 | Shenyang |
| | SIN | 新加坡 | Singapore Changi Apt. |
| | SUB | 泗水 | Surabaya |
| | SYD | 雪梨 | Sydney |
| | SYX | 三亞 | Sanya |
| | SZX | 深圳 | Shenzhen |
| T | TAO | 青島 | Qingdao |

| Airport Three Letter Code | | | |
|---|---|---|---|
| Initial Alphabet | Code | Description | Description |
| T | TNA | 濟南 | Jinan |
| | TPE | 桃園 | Taiwan Taoyuan International Apt. |
| | TSA | 台北 | Taipei - Sung Shan |
| | TSN | 天津 | Tianjin |
| V | VIE | 維也納 | Vienna, Austria |
| W | WUH | 武漢 | Wuhan |
| | WUX | 無錫 | Wuxi |
| X | XIA | 西安 | Xian |
| | XMN | 廈門 | Xiamen |
| Y | YNZ | 鹽城 | Yancheng |
| | YTO | 多倫多 | Toronto, Ontario Canada |
| | YVR | 溫哥華 | Vancouver |
| | YYZ | 多倫多 | Toronto Lester B Pearson International Apt |

# 瑞秋空姐專欄

## ● 空服員 VS 地勤工作優缺點分析

| 空服員 | |
|---|---|
| 優點 | 缺點 |
| • 不用待辦公室<br>• 每趟共事的同事不同<br>• 新鮮感大<br>• 接觸客人時間長<br>• 環遊世界<br>• 形象專業甜美<br>• 視野比較廣 | • 常常不在家<br>• 勞力型工作<br>• 危險性高<br>• 常跟不同人飛，感情不易累積<br>• 時差問題<br>• 睡眠障礙<br>• 接觸人較多，容易生病 |

| 地勤人員 | |
|---|---|
| 優點 | 缺點 |
| • 同事感情好<br>• 排班自由彈性<br>• 接觸客人時間短<br>• 休假時間可自己排<br>• 與家人相處時間長<br>• 無時差問題 | • 工作量大<br>• 薪水比空服少<br>• 無法一直出國<br>• 需要背許多指令 |

## ● 空服員

如果你抱著服務熱忱，想要環遊世界增長見識，那空服員應該是你的首選。不過也需要特別注意的是，比起地勤人員，空服員是一份更「勞力型」的工作，除了可能會常受傷外（例如搬行李、被餐點燙傷、推拉餐車扭傷手腳、遇到亂流撞傷……），還需背負著家人的擔心在天空飛行。也因為長時間不在家，較需要另一半的體諒與擔待，因此許多人在合約兩年、三年一到期後就離開空服員的工作崗位，轉職做一般上班族，謀求更長遠、穩定的發展。

## ● 地勤人員

地勤工作一開始也許不受別人注意，但是它排班彈性、自由，能每天回家照顧家庭，又同樣擁有空服員的機票福利。只要了解它的工作性質，真的進入這行做過一回，都會喜歡上地勤人員的工作。特別是年紀坐二望三的女生，若不想一直換工作，地勤工作是一個很好的選擇，也因此，許多空服員在工作幾年後轉而申請地勤的職缺，這樣不僅能累積年資，也能學到不同的技能。

---

┌─ 瑞 秋 的 小 叮 嚀 ─

不論空服還是地勤，都有人著迷於它的魅力而做到退休。瑞秋老師認為，只要擁有健康的身體、良好的 EQ，都有本錢可以待在這行做到天長地久。選擇任何一份工作都必須要「愛己所選，忠於所愛」，才能不斷累積人脈、專業技能和服務經驗。

# Chapter 3
# 航空業的準備方式

# 航空業考試時間規劃

◉ 航空公司招募期間

每年四月開始，航空公司就會陸續公告招募訊息，接下來的五、六月，可說是一年當中招募最密集的時間，之後每個月則陸續會有一兩家外商，再來下一波大招募就要等九、十月（也就是所謂的二招）。

如果在畢業前，一家都沒有考上的話，真的蠻可惜的，因為學生時期是人生最空閒的時候，也是唸書準備最好的時候。在此期間可以加強英文能力，把多益或第三外語相關的語言證照考到手。這兩年，因日韓線包機增加，航空公司通常會把有日韓語能力的人列為優先考量，所以趁唸書時去學日文或韓文，也是一個提高自己上榜率的關鍵。

## 多久前要開始準備？

建議在投入航空考試的六個月前即開始準備。如果本身有不錯的語言能力，可縮短至三個月前。

## 如何知道航空公司的招募資訊？

第一手招募訊息都會公布在航空公司的官網，像是華航、長榮、華信、遠東，都將訊息放在「人才招募區」。有的航空公司會透過人力銀行招募，例如台灣虎航、全日空、日本航空、私人飛機或地勤。除此之外，也有熱心的社群網站及部落客，像瑞秋空姐教室的粉絲專頁也會刊登不錯的求職機會。一看到職缺，建議想報考的同學盡早投遞履歷，以免人數足夠就關閉職缺公告了。

瑞秋空姐教室
粉絲專頁

## 準備的關鍵：中英文應答能力

面試雖然著重外表的打理和第一印象，但中英文應對能力更重要。人在緊張時，大腦運作能力不佳，思路也往往不夠清晰，因此在面試的緊張氣氛下，我們只能反射性的思考、動作，所以平常的練習在正式面試時，只能表現出實力的 30%。如果同學沒有提早把肢體語言或小動作的問題改過來，並讓大腦習慣新的思維，在面試時就會忘光光，也會不小心展露直覺性的反射動作，得不償失。

# 報考前的評估

很多同學曾說，航空公司招募的競爭激烈程度，就如同國家特考和公職，錄取率也跟考公職一樣低。如果你想準備進入這行，就不能只是「想」，還要起而行，並且仔細評估、了解以下幾個問題：

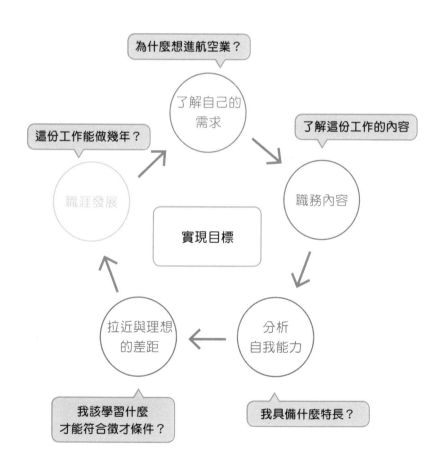

首先要確認自己的心態，為什麼想投身航空業？因為薪水高？制服美？或是因為空服員朋友常常出國，覺得很不錯？以上都是一般想報考空服員或地勤最常見的原因。如果不是因為看到新聞一時衝動才來考，那麼，不管是空服員還是地勤，都很值得深耕。

如果還不確定是否真的很想進入這行，就要先了解空服員和地勤的實際工作，確定職務內容與自己想法的落差，例如：了解空服員除了餐飲服務外，還要做什麼？地勤輪班的時段能否接受？如果能接受所有的條件，也做好了心理準備，接下來就要了解自己的專長，若沒有，則須趁準備期盡快培養。

## 評估個人的職涯規劃

投履歷前，先想想這份工作是你人生中的短程計劃還是中長期計劃？因為每家航空公司都要簽約，通常是 2～5 年不等，做不滿合約年限離職需繳納違約金！很多人簽了約，進入航空公司工作後發現與自己的想像不同，或是做了幾年後想轉職，卻被高額違約金卡住不能走，導致自己的人生規劃完全失控，得不償失。

補充：
在進入這一行前，請先想想自己的人生規劃，並思考想在這行做多久？之後想轉職還是繼續在航空公司裡升遷？若考慮只想做 2～3 年就轉職，那更要抓緊寶貴的時間，畢竟，台灣的就業市場對女性還是有年齡限制的潛規則。

新加坡航空可說是創下業界最高的違約金條例，未做滿 2 年離職，要繳納 46 萬台幣！其次是遠東航空，違約金是 30 萬；華航、長榮也都在 20~30 萬違約金左右（長榮可依工作年資比例，遞減需繳納的違約金）。

## ● 應考心理狀態規劃

有人會覺得我都準備好了，為什麼還是被秒刷？

考官一天至少要面試 200 ～ 400 人，在時間壓力下，幾乎沒有時間可以好好看清楚考生的特色，所以會在初試用海選比較法的方式選人，如果你給出的第一印象很出眾，就可以在五人或十人一組的團體中出線。如果你的外貌、儀態沒有讓考官留下印象，自然就被秒刷，所以大部分沒有經驗的考生落馬的機率很高。

考生的心理素質要很強、毅力要足夠，因為場場都是硬戰，而且當下見高低，如果一次失敗就放棄，真的很可惜！很多人因為工作經驗不夠，沒什麼可以分享給考官；另外有些人因為工作耗掉很多精力，無法專心準備而沒表現好。瑞秋老師看過一個女生，考了二十二次才考上空服員！原因就是因為沒有時間全力準備。

與錄取華航的空姐在華航園區合影。

---

瑞 秋 的 小 叮 嚀

有句諺語說：「戲棚下站久了，就是你的」，千萬不要因為一兩次的失敗，就想放棄，只要堅持對的準備方向，有專業的老師輔導，跟其他戰友們一起努力，就有成功的機會。

---

# 航空業的報考條件

只要具有中華民國國籍，並在國內設有戶籍，且持有教育部認可之國內外公私立大專院校畢業證書者，都可以報考。

## 報考學歷資格

| 航空公司名稱 | 學歷要求 | 航空公司名稱 | 學歷要求 |
|---|---|---|---|
| 中華航空 | 大學 | 長榮航空 | 大學 |
| 全日空 | 大學 | 新加坡航空 | 大學 |
| 華信航空 | 大學 | 遠東航空 | 大學／大專 |
| 台灣虎航 | 大專 | 海南航空 | 大專 |
| 廈門航空 | 大專 | 香港航空 | 大專 |
| 卡達航空 | 高中 | 國泰航空 | 高中 |
| 阿酋航空 | 高中 | 星宇航空 | 專科 |

## 外語能力資格

航空業都需要考生檢附英文檢定證照，例如多益、博思或雅思的成績，不用花錢申請證書，成績單正本即可。不同的航空公司，需要的多益分數也不同，目前空服員招募標準最低是 500 ～ 550 分；如果以空服／地勤做區分，空服員最好考到 550 ～ 600 分；地勤則是 550 ～ 650 分。外商航空公司有自己的英文筆試來測驗考生的程度，因此不需要另外檢附英檢成績，當然，如果想要附在 CV

裡也可以，因為成績高的證明書能讓審核人員對你的語文能力有信心，增加獲得面試的機會。

近年來，許多航空公司開始偏好具備日 / 韓 / 越南語能力的考生，如果本身有原住民身分，也是一個加分。

## 🛫 航空公司的多益要求

| 航空公司名稱 | 分數要求 |
| --- | --- |
| 中華航空 | 空服員：550 分<br>地勤：550 分<br>（2017 年以前為 650 分；<br>2017 年聯合招募改成 550 分） |
| 長榮航空 | 空服員：550 分<br>地勤：550 分 |
| 遠東航空 | 500 分 |
| 台灣虎航 | 空服員：550 分<br>地勤：450 分 |
| 外商航空公司 | 自備英文筆試，不需多益成績 |
| 亞洲航空 | 650 分 |
| 星宇航空 | 600 分 |

多益 600 分大約是怎樣的概念？

多益 600 分 ≒ 全民英檢中級（含）以上 ≒ BULATS 40 分以上 ≒ IELTS 4.0 以上 ≒ TOFEL iBT 57 分以上 ≒ TOEFL ITP 45 分

## 🛫 其他標準

年齡、身高、體重、性別在台灣均無限制，但有些外商航空公司有相關限制，建議在準備的時候詳細閱讀簡章，了解所有的規定。

# 航空業的報考流程

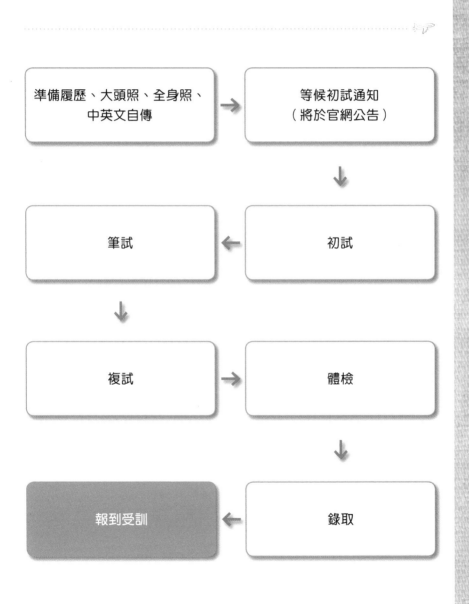

準備履歷、大頭照、全身照、
中英文自傳 → 等候初試通知
（將於官網公告）

筆試 ← 初試

複試 → 體檢

報到受訓 ← 錄取

# 各家航空公司測量身高方式

| 航空公司名稱 | 身高測量標準 |
| --- | --- |
| 長榮 | 158cm 以上（但也聽說過不到 158cm 的女生錄取） |
| 華航 | 不限身高，但雙手同時要至少摸到行李棚牌子處，約 200cm-205cm，脫鞋雙腳落地不可踮腳 |
| 遠航 | 不限身高，可以踮腳，雙手摸高約 208cm |
| 國泰 | 不限身高，可以踮腳，只要單手摸高 208cm 即可過關 |
| 卡達 | 不限身高，可以踮腳，只要單手摸高 212cm 即可過關 |
| 虎航 | 不限身高（曾有 153cm 的學生收到面試通知，但最後沒有錄取） |
| 阿酋 | 限身高 160cm ，可以踮腳，只要單手摸高 212cm 即可過關 |
| 全日空、新航 | 約 158cm 以上（但也有同學不到 158cm，錄取這兩家喔！） |

## 身高限制

國外的航空公司因為無法律限制，所以會直接寫出身高限制，但台灣因就業歧視法的保障，所以近幾年都是用摸高的方式，來確認考生的身高能否勾得到（並能關上）行李棚，作為錄取的標準之一。地勤人員則因為不須在高處取物、關行李棚，故身高沒有限制。

2017 年開始，因大陸民航局開放，許多中國的航空公司紛紛來台招募空服員（例如：海南、廈門、福州、吉祥航空）。在中國招募時，要求女空服員的身高限制為 163~175cm；男性 170~185cm 左右，但在台灣招募時，則以摸高為準。

● 讓你脫穎而出的 5 大關鍵

1. 擁有多國語文能力,並持有日、韓文語言證照

2. 擅長中英文打字,熟悉訂位系統(適用地勤)

3. 曾在服務業工作多年,應對進退很有一套

4. 有海外打工渡假經驗,或曾在海外當過交換學生

5. 多益成績高,英語口語表達佳

航空業的準備方式

以上這幾個優勢，在面試及勝任航空業工作很有幫助，所以如果考生目前還未擁有這些優勢，不妨趁準備期一併準備！

考官在評估專長時都有一個基本設想，那到底他們要找的是什麼樣的人呢？一排考生中會選誰？該怎麼準備，才能符合考官要的？這就是接下來要做的準備。通常我們會抓考前三～六個月為準備期，如果英文能力好，就只需要從外在打理，加強儀態及表達能力；若英文能力不是很好，那麼除了面試技巧的準備外，還得要下功夫在英文應對上。如同此章一開始提到的，這份工作的競爭非常激烈，每次職缺開出來，都有高達幾千人申請，跟考公職一樣競爭，因此認真唸書準備絕對是必要的。

照片中的所有人全部都錄取國籍、外商航空公司空服員！

# Chapter 4

# 履歷撰寫技巧

# 證件照片與生活照的準備

除了長榮、阿聯酋、卡達航空需要另附全身照（遠東航空要求附半身照）外，大部分的航空公司只需要在投履歷時檢附大頭照。那要如何準備大頭照及生活照呢？又要如何在眾多申請者當中脫穎而出？

每次航空公司開職缺，幾乎都有 2000 ～ 7000 的人投履歷報考，因此一封履歷被審閱的時間不可能太長，頂多四十秒到一分鐘而已！瑞秋老師曾協助外商履歷審核，也曾詢問空地勤履歷審核的朋友審履歷的技巧，得知航空業的審查機制流程：

> 由系統配對條件→照片→語文能力 →專長

航空公司用這樣的方式，快速刷掉不合格的人。因此，只要通過系統配對後，照片就是第一個決勝的關鍵！航空業就是服務業，講求親切、樂於助人，千萬不要覺得沒看過本人，無法表現這些特質，其實照片也可以說很多故事！另外，你的照片會一路跟著你到最後一關，每一關考官的資歷層級都愈來愈高，特別是外商航空公司，如中東的航空，最後一關前還會要求你拍合乎標準的照片，因為要由老闆親自來選人，所以不得不慎重。

## 拍照技巧

大頭照：藍底或黃底。一般都要求 2 吋，請露出燦爛的笑容，以空服的髮妝、合規定的淺色襯衫去拍照。2017 年前，華航要求身分證規格的照片（白底不露齒）；2017 年聯合招募後，則沒有限制。瑞秋老師通常會跟女同學建議：學完空姐髮妝再去拍大頭照，因為剛學完一定是在老師檢查下最漂亮的時候，這時拍照才會事半功倍。

## 女生大頭照（皆為錄取者）

2 吋女生大頭照範本

2 吋女生身分證規格大頭照範本

## 男生大頭照（皆為錄取者）

男生露齒笑 2 吋大頭照範本

2 吋男生身分證規格大頭照範本

在最後一關外商考試中，航空公司會示範正式棚拍照片的規格，如手放兩側立正站好、女生裙長過膝加外套、男生全套西裝戴領帶等。

### 女生全身照 （皆為錄取者）

卡達航空 final interview 全身照示範　中東航空全身照棚拍示範（重點：要笑開！）　日籍航空全身照規格示範

### 男生全身照 （皆為錄取者）

外商航空公司男生全身照　外商航空公司男生全身照（不含西裝外套）

---

瑞秋的小叮嚀

不建議拿手機拍的生活照直接用在履歷上，除了解析度不夠外，最重要是因為這是求職要用的，當然要隱藏缺點、突顯優點！最好是用相機拍攝，避免斜 45 度或斜對角，或頭大身體小，以免造成比例上的視覺誤差。

# 生活照拍攝方法與技巧

### ◉ 臉部

女生請上妝,綁公主頭或長髮斜放肩上,請注意妝感要明亮(光線不足的話,臉會看起來蠟黃,開閃光五官又會變得很扁平)。

### ◉ 腿部

腳要交叉,順便修飾腿型。嬌小的人穿膚色高跟鞋會比穿黑色高跟鞋來得修長。記得要穿絲襪修飾腿型,遮蓋皮膚的粗糙。

### ◉ 服裝

女生穿西裝短褲、短袖及膝洋裝拍照尤佳。考試前,我都會請同學開視訊試穿合適的服裝,我再選出最適合面試的那一套,降低出錯的機率。如果對手臂比較沒有自信,建議選擇七分袖或長袖上衣;服裝顏色不宜超過兩種,以免照片看起來雜亂,可以選白色、天藍色、粉色洋裝來搭配。

＊以下皆為錄取者的生活照示範

站姿及服裝示範。
腿合起來比較瘦。

頭髮稍做變化,髮尾用
電棒捲再拍照更有型。

可以拿個手提包,增加生活感;另外,白色洋裝高腰顯得比例好、腿修長。

黑白配的長袖西裝短褲。頭髮梳側面,上正式的妝容,顯得既正式又有活潑感。

妝容明亮,擦口紅突顯燦爛的笑容,擺出活潑的POSE,流露開朗的個性。

選擇亮色系的小洋裝,讓整個人看起來氣色較好,活潑、有朝氣。

無袖洋裝很看人穿,建議手臂太瘦或太壯的人都穿七分袖或長袖。

— 瑞秋的小叮嚀 —

請他人拍照時,請攝影師配合考生的身高,用較低的角度拍出身材比例好的照片。切勿使用拍沙龍照或婚紗照的朦朧手法拍攝。求職生活照以清晰為主,上傳至航空公司網站後才不會過於模糊。

這兩年，男生應試都被要求穿短袖襯衫、西褲和皮鞋。因為以前有人身上有刺青，還在制服能遮掩以外的地方，讓顧客留下不好的觀感，因此近幾年大陸的航空公司、新航、亞航、酷航、中東航空公司，都會檢查考生是否有刺青或明顯疤痕，甚至有的航空公司會要求在履歷表上特別註記部位。建議同學們若有進入這行的願望，想刺青必須先三思。

## 臉部

不論是全身照還是半身照，重點都是：笑容要陽光、燦爛，展現開朗、親和的特質。

## 服裝

男生的服裝可以休閒，像是 Polo 衫、休閒褲。但忌夾腳拖或背心、短褲等太過裸露的服飾。盡量拍得修長也是要點喔！

# 線上報名流程

有了亮麗的照片,接下來就可以準備履歷的撰寫。目前航空公司多以線上系統要求考生填寫履歷,以下以長榮空服為例做示範。

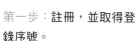

第一步:註冊,並取得登錄序號。

第二步:註冊成功後,官網會提供一組登錄序號,記得留存。之後以這個序號登入系統,填入學歷等基本資料。

第三步:填入語言證照成績,如 TOEIC、全民英檢,或是日文檢定等。

第四步:填寫基本資料,如姓名、電話、地址、血型等。

第五步:將大頭照和全身照依規定縮小解析度,上傳。

第六步:確認所有資料無誤後,就可以上傳。接著,安心等通知吧!

# 自傳撰寫技巧

中英文自傳很重要，因為這是考官在面試時發問的根基。自傳需要注意的細節很多，寫作時就要思考能不能在被問到的當下，提出好的回答，如果無法給出好答案，那麼與其搬石頭砸腳，不如換個好回答的內容來寫。

» 傳統寫作思維：依照自己的背景→撰寫
» 必勝寫作思維：依照能給出好答案的內容→撰寫

## 自傳必備重點

1. 學歷
2. 工作經驗
3. 個性
4. 興趣
5. 語言專長（包含成績及證照取得日期）
6. 其他特殊專長
7. 報考原因

有的航空公司在線上履歷頁面後，還會要求在初試時附上該公司制式的「手寫履歷自傳表」，這時，字跡就很重要。

| 空服員 | 地勤 |
| --- | --- |
| 中文自傳要求為 500 字<br>英文自傳為 1000 字 | 中文自傳要求為 800 字<br>英文自傳為 1500 字 |

◎ **自傳書寫 5 大重點：**

> **1.** 依時間順序敘述，比較容易閱讀。

> **2.** 畢業學校科系一定要寫。

> **3.** 工讀經驗／工作經驗／海外打工渡假等航空業比較重視的經驗，放在第二段。

> **4.** 從工作或學校中，學到的特殊才能必寫。

> **5.** 自傳結尾應依航空公司不同的特色，加強審核者的印象。不要寫得好像「隨便那一家要我，都可以」的樣子。

請注意：

★ 不要詳寫工作內容的項目，例如：工作是櫃台人員，除了要負責接電話，還要負責貴賓接待、影印、清掃茶水間……這些過於細節的描述會扼殺考官繼續看下去的意願。

★ 依照時間順序敘述，把工作中獲得的心得寫出來，考官比較容易閱讀，也比較容易藉此知道你的故事和經歷。已出社會工作一段時間的人，可以在第二段將兩三個工作經驗，取代學習經歷。

★ 若有服務業或團隊合作經驗、外語能力專長或旅居國外經驗，都是一大加分！

★ 盡量呈現出自信、積極、樂觀的一面，使用的文字要簡潔，把重點講出來即可。

## ◉ 中文自傳範例

考官您好：

我的名字是張小涵，今年 23 歲，畢業於台灣大學外文系。因喜歡學習語言，所以在學期間進修了日文，而後透過多年的外語學習，除了讓我培養開朗樂觀的個性外，還讓我擁有不同的外語能力及國際觀。本身長年在異地求學，所以也培養出獨立自主的個性。畢業後曾至美國佛羅里達州從事遊樂園的售票員工作，因而接觸來自世界各地，擁有獨特文化背景的朋友，使我了解微笑與熱於助人的個性，是建立起溝通橋樑最重要的一環。回國後，我在知名日商優衣庫擔任銷售人員，也因此學習到如何站在顧客的角度去體貼顧客，讓他們擁有愉快的消費體驗。除了語言學習以及旅行外，排球是我熱愛的運動，因此在校期間加入女子排球校隊。透過校隊的團隊競賽，使我充分了解並學習到如何與隊友相處以及團隊合作的重要性。因為喜歡與人群接觸的工作，希望未來有機會加入貴公司，學習更多層面的服務技巧，為每位旅客帶來平安、舒適的旅程。謝謝您撥空閱讀。

如果你不會寫英文自傳，這裡有個技巧：直接將中文自傳中翻英！不論請人幫忙或自己寫，都要讓自己熟記內容。那麼，英文自傳可不可以寫得跟中文不一樣呢？當然可以，自己背得清楚就好，畢竟考官會從你的自傳挑出問題問你，所以別忘記自己寫了什麼喔！

# 履歷撰寫技巧

履歷撰寫有許多眉角，以下用長榮航空的履歷表當作範本。考生在投完長榮線上履歷後，大約兩週左右就會收到初試通知。初試通知會寄到當初填寫的電郵信箱，所以電郵信箱一定要再三確認，不要打錯了。初試通知函上，除了通知面試場次與時間、需要攜帶的證件、面試服儀重點外，附檔還有一份空白的「長榮集團履歷表」（如下頁），考生需列印出來，親自填寫。

要求手寫履歷和自傳的公司，一定很注重字跡。有人說，「看一個人寫的字，就能猜出這個人的個性」。字跡很潦草，不是在時間很匆促下完成，可能就是個性很急躁。寫字最好以整齊，容易閱讀為目標，可以先在空白的履歷表上打草稿，確定要寫的內容後，再把文字抄在正本上。盡量不要使用修正液，以免有不良的觀感。

## 其他履歷撰寫問題：

1. 我可以在履歷上放綽號嗎？

    可以！但請挑個有意義的寫，讓考官容易記得你。

2. 履歷上的性向，要寫什麼？

    不是問你喜歡男生或女生喔！曾有同學寫性向「正常」，結果讓一堆考官笑翻，考官還問：那什麼叫「不正常」呢？性向是指個性偏向什麼特質。

3. 優點要寫幾個？缺點呢？

    一般來說，優點寫兩個，缺點寫一個即可。

4. 希望待遇要寫多少？

    如果你希望待遇是五萬，但也請不要寫五萬！雖然我們都知道，空服員的薪資待遇大約是五萬起跳，不過只有外商比較能接受求職者直白的寫出希望待遇，國內的航空公司還是比較保守，寫「依照公司規定」即可。

## 長榮航空制式履歷

<table>
<tr><td colspan="2">表內欄位希用<br>正楷詳填</td><td colspan="3">長榮集團<br>EVERGREEN<br>應徵人員資料表</td><td>應徵職別<br>空服員</td><td>編<br>號 (本公司填寫)</td></tr>
</table>

| 公司名 | 長榮航空 | | | | | | |
|---|---|---|---|---|---|---|---|
| 姓名 | 中文 | 別名或綽號 | 性別 | 身高 公分 | 體重 公斤 | | |
| | 英文 LAST FIRST MIDDLE | ENGLISH NAME | 國籍 R.O.C. | 身分證 | | | 貼相片處 |

婚姻 □未婚 □已婚 □喪偶 □離婚

**貼相片處**
(露齒笑的燦爛為佳)
說明:
1.請貼最近三個月內,二吋正面半身相片。
2.相片不要貼出格外。

| 年齡 | 西元 年 月 日生 歲月 | 出生地 省(市) 縣(市) |
|---|---|---|

| 通訊資料 | 戶籍地 縣 鄉鎮 村 鄰 街 段 巷 弄 號之 (樓)<br>市 市區 里 路 |
|---|---|

通訊處 □□□□□ 電話 ( ) - ( ) 行動電話:( )

E-MAIL:

| 個性 | □內向 □外向 □其他:_(建議勾外向)_____ | 專長 | 英打 中打 學校社團 |
|---|---|---|---|
| | 優點:寫兩個例如,樂觀,喜歡幫助別人 | | 運動 樂器 |
| | 缺點:寫一個即可,例如缺乏方向感,或缺乏金錢觀 | | 其他: |

| 學歷 | 學校或訓練機關名稱 | 系科別 | 畢(結)業 肄業 | 修業期間 | 學位或資格 |
|---|---|---|---|---|---|
| | 研 究 所 | | | 西元 年 月 ~ 年 月 | |
| | 大 學 | | | 西元 年 月 ~ 年 月 | |
| | 高 中 | | | 西元 年 月 ~ 年 月 | |

| 職業考試 | 種 | 類 | 及格證書字號 | 發證日期 | 執照 | 等級種類 | 字號 | 發證日期及效期 |
|---|---|---|---|---|---|---|---|---|
| | | | | 西元 年 月 | | | | 西元 年 月 ~ 年 月 |
| | | | | 西元 年 月 | | | | 西元 年 月 ~ 年 月 |

| 經歷 | 服務機關或公司名稱 | 地點 | 職別 | 擔任工作 | 服務期間 | 合計年資 | 最後薪額 | 卸職原因 |
|---|---|---|---|---|---|---|---|---|
| | | | | | 西元 年 月 ~ 年 月 | 年 月 | | |
| | | | | | 西元 年 月 ~ 年 月 | 年 月 | | |
| | | | | | 西元 年 月 ~ 年 月 | 年 月 | | |
| | | | | | 西元 年 月 ~ 年 月 | 年 月 | | |

| 家屬(直系親屬、配偶及兄弟姊妹) | 稱謂 | 姓名 | 年齡 | 存歿 | 教育程度 | 職業 | 住址及電話 |
|---|---|---|---|---|---|---|---|
| | | | | | | | |
| | | | | | | | |
| | | | | | | | |
| | | | | | | | |

您的家屬中是否有人任職於長榮集團? □是 □否 若有請詳填下列資料(欄位不夠時,請填在備註欄)。

姓名: 公司: 部門: 職稱: 關係:

| 語文 | 種類 | 中 | 英 | 日 | 德 | 法 | 西 | 義 | 俄 | 台語 | 客語 | 其他 |
|---|---|---|---|---|---|---|---|---|---|---|---|---|
| | 能力(請註明:優、良、可) | 優 | 良 | 可 | 可 | | | | | 可 | | |
| | 檢定(請註明:語文種類/檢定名稱/或達&等級) | | | | | | | | | | | |

| 兵歷 | 役別 | 軍種兵科 | 階級 | 專長 | 入伍時間 | 退伍時間 | □免役 |
|---|---|---|---|---|---|---|---|
| | | | | | 年 月 | 年 月 | 說明: |

| 健康 | 您曾患疾病或受傷為導致工作上有所限制嗎?<br>寫沒有 | 求職理由 | 因嚮往長榮航空優良的體制,希望能成為空服員學習並成長。 |
|---|---|---|---|

| 希望待遇 | 備註 | 本人已確認本表內所填寫各項均屬實,如有虛假願願接受公司所作之處分。<br>簽名: |
|---|---|---|

**CHINA AIRLINES**

# 中華航空
客艙組員甄試報名表

| 登錄編號 | |
| 初試編號<br>(請勿填寫) | |

請貼二吋「脫帽正面」照片<br>(與身分證照片規格相同)<br>(照片不合不可參加甄試)

## 基本資料

| 姓名 | (中文) | | 性別 | ☐ 男<br>☐ 女 | 英檢類別 | | 成績 | |
| | (英文,與護照相同) | | 役別 | ☐免役<br>☐役畢<br>☐未役 | 英檢考試日期 | 20 年 月 日 | | |
| 出生日 | 19 年 月 日 | 婚姻狀況 | ☐已婚<br>☐未婚 | 身分證號<br>(居留證) | | | | |

## 聯絡資訊

| 聯絡電話 | | 電子信箱 | |
| 通訊地址 | ☐☐☐ | | |
| 緊急聯絡人 | | 關係 | | 電話 | |

## 學 歷（自最高學歷往下填寫）

| 學校名稱 | 系/所 | 地點 | 學位<br>(學士/碩士) | 就學期間<br>起 (yyyy/mm) | 迄 (yyyy/mm) | 畢業<br>是 | 否 |
|---|---|---|---|---|---|---|---|
| | | | | | | | |
| | | | | | | | |

## 最 近 工 作 經 驗

| 工作期間<br>起(yyyy/mm) | 迄(yyyy/mm) | 機構名稱/單位 | 職務 | 在職情形<br>是 | 否 |
|---|---|---|---|---|---|
| | | | | | |
| | | | | | |

## 其 他

1. 報考資格條件不合或證件不齊者,無法參加面試,亦不接受補繳。
2. 本表所填寫之各項個人資料僅限華航甄試活動使用,並自本次甄試結束後保留乙年。
3. 本人所填寫之各項內容均為事實,本人同意華航進行相關複核及查證,如有虛構、偽造等情事,願受解職處分並依法處理。
4. 是否曾報考華航其他職缺:否☐ 是☐/參加次數_____次。
5. 本人如通過甄選,當配合報到受訓及其它作業要求之時間,否則視同放棄受訓或錄取資格,以上特此聲明絕無異議。
6. 華航保留決定最終通過甄選及錄取名單之權利,本人絕無異議。

簽名:_____

| BIN | | 書審結果 | | 說明 | | 審核人簽名 | |

新加坡航空制式履歷

**SINGAPORE AIRLINES**

A recent photograph
of yourself

# APPLICATION FOR EMPLOYMENT

**PLEASE READ THESE INSTRUCTIONS CAREFULLY.**
1. This form is to be completed in block letters.
2. Do not leave any item blank. If it is not applicable to you, indicate 'N.A.'.
3. For those items accompanied by an *, please circle the appropriate item.
4. False particulars or wilful suppression of material facts will render you liable to disqualification, or, if appointed, to dismissal and/or appropriate legal proceedings.
5. SIA does not enter into correspondence with regard to the reasons for non-selection of candidates.
6. This form has been designed to provide us with your basic information for processing of your application for employment with us. It also serves as our personal record should you be employed.
7. Please note that some of the information required below, such as race, religion, marital status, are for administrative purposes only and does not factor into the hiring process.

| A | POST APPLIED FOR (State advertisement/ medium and date) | | | | | | |
|---|---|---|---|---|---|---|---|
| B | FULL NAME as stated In NRIC or Passport (Underline Surname/ family name) | Dr/Mr/Miss/Mrs/Mdm* | | | | | NRIC NO (FOR SINGAPORE CITIZENS OR PERMANENT RESIDENTS) Pink/Blue* |
| C | ADDRESS AND CONTACT NUMBER | Residential Address | | | | | Home Tel |
| | | Postal Address (if different from above) | | | | | Pager/Handphone No |
| | | E-mail Address | | | | | Office Tel |
| D | NATIONALITY, RACE, MARITAL STATUS, RELIGION, HEIGHT AND DRIVING LICENCE | Date of Birth | Age | Weight | Height | Place of Birth | Nationality |
| | | Race: Chinese/Malay/Indian/ Eurasian/Others (please specify)* | | | | | Religion: Buddhist/Muslim/Christian/Hindu/Others* |
| | | Marital Status: Never Married/Married/Widowed/Divorced/Separated* | | | | If registered as Singapore citizen, please state registration number and date of issue of Citizenship. | |
| | | FOR NON-SINGAPORE CITIZEN please state Passport or Identity Card number and country of issue | | | | NO ------------------------------- DATE ------------------------------- | |
| | | SINGAPORE PERMANENT RESIDENT STATUS: Yes/No* If yes, please provide: Reference Number ----------------------------- Date obtained ----------------------- | | | | | |
| | | Do you hold a driving licence? If so, what class of license? | | | | | |
| E | EMPLOYMENT PASS AND WORK PERMIT (FOR NON CITIZEN) | Employment Pass/Work Permit* Number | | Date of Issue | | Expiry Date | |
| F | NATIONAL SERVICE (For Singapore Citizens and Permanent Residents only) | Liability: FULL-TIME/PART-TIME/EXEMPTED/REGULAR* | | | | | |
| | | Enlistment Date | | Operationally Release Date | | Highest Rank Attained | |
| | | Vocation | | | Unit Attached To | | |
| | | If Exempted, state reasons for Exemption | | | | | |

# 中文履歷示範

以下是中文履歷的範本，考生可以依照自己的狀況採用或改寫。

★ 重點：應徵職缺／聯絡方式／身高體重等個人資訊都放在最上面。

★ 大頭照要看起來乾乾淨淨，氣色要好，服裝須符合航空公司規定。

| 應徵職務 | ○○集團○○公司－正職運務人員 | | | |
|---|---|---|---|---|
| 中文姓名 | 張涵涵 | 英文名字 | Rachel | |
| 國籍 | 中華民國 ROC | 出生地 | 台灣桃園 | |
| 行動電話 | 0988-026-112 | 出生年月日 | 1988 年 5 月 23 日 | |
| 電子郵件 | rachelskyhi@gmail.com | 身高／體重 | 164 公分 ／ 53 公斤 | |
| 戶籍地址 | 台北市重慶南路一段 43 號 10 樓之二 | | | |
| 通訊地址 | 台北市重慶南路一段 43 號 10 樓之二 | | | |

| 學　　歷 | | | | |
|---|---|---|---|---|
| 最高學歷 | 輔仁大學德國語文學系學士 | 起訖時間 | 2008/09/01~2012/07/01 | |
| 次高學歷 | 南非國立華僑中學 | 起訖時間 | 2006/07/01~2008/07/01 | |

| 工作經歷 | | | | |
|---|---|---|---|---|
| 服務機關 | 擔任職務 | 擔任工作 | 服務期間 | 離職原因 |
| 瑞秋諮詢顧問有限公司 | 班主任 | 課務安排/就業輔導 | 2015 年 7 月~2016 年 9 月 | 在職中 |
| 日本航空空服員 | 資深空服員 | 機上安全/機上服務 | 2012 年 7 月~2014 年 9 月 | 生涯規劃 |
| 瑞秋美語學院 | 美語教師 | 美語教學 | 2010 年 7 月~2012 年 9 月 | 生涯規劃 |
| 語言能力 | 精通中文、台語，英日德文佳，略通廣東話 | | | |
| 相關證照 | TOEIC 檢定 850 分／日文 N2 檢定／中英文打字檢定 | | | |

| 中文自傳 |
|---|
| |

# 外商所需的 Cover Letter、Resume 撰寫技巧

需要 Resume 和 Cover Letter 的航空公司：

新加坡航空

阿聯酋航空

卡達航空

國泰航空

全日空

## Cover Letter 是什麼？

Cover Letter 就是履歷的第一頁。為了讓初步履歷審核人員能對求職者的背景、求職動機及專長一目了然，因而有 Cover Letter 的導引。通常一份履歷會先交由負責初審的人員審核，然後才會把較合適的履歷轉給該項職缺的部門主管，由主管審核。一份符合正確規格、撰寫合宜的 Cover Letter 可以提高獲得面試機會的機率（注意：長度不要超過一頁 A4，內容長度最好在 2/3 頁）。

## Cover Letter 示範

2017-04-10（日期）

Rachel Chen（姓名）

10F,No.43,sec.1,Chungchin south road Taipei, Taiwan. R.O.C.（地址）

+886988026112（手機）

rachelskyhi@gmail.com（電郵信箱，最好使用 Gmail 避免漏信）

Dear Emirates Airlines,（公司名稱或人事部門主管均可）

**Introduction**（說明這封信的目的）

My name is Rachel Chen. I'm interested in your cabin attendant position in Taiwan posted on your website and would like to apply for the job.

**Content**（介紹自己的專長和能力）

I believe my qualification to this position would be my oversea experiences. As a recent graduate of Fu Jen University, I joined working holiday program and have spent one year in Florida . There I have developed great communication and interpersonal skills that makes me an ideal candidate for the cabin crew position.
With my Mandarin, Taiwanese, English and Japanese speaking skills, I am confident that I am competent of serving passenger from all over the world. I have also obtained a CPR license to enhance my ability to help others in need. The ability to serve and take care of passengers is the key of why I am interested in applying for the cabin-crew position.

**Closing**（寫個強而有力的原因，說明為何自己適任這份工作）

I am aware of Emirate Airlines' high standard in selecting the finest candidates for  cabin attendant position, and I believe that my communication and interpersonal skills, combined with my outgoing personality and my language skills make me an ideal candidate for the cabin crew position. Thank you for reading the attached resume and I hope to hear from you very soon.

*Yours sincerely,*
*Rachel Chen*

履歷撰寫教學

第一頁的 Cover Letter 就是這麼簡單，不難對不對？接下來，要寫英文的 Resume（也就是履歷）。網路上可以找到五花八門的個人履歷範本，不是不能採用，不過航空業畢竟是很保守的行業，所以規矩的排列法可以減少主管在閱讀時的麻煩。

## Resume 的注意事項

1. 字體用 Times New Roman 或 Ariel 比較容易閱讀。
2. 內容應包含：教育背景、工作經驗、證照、興趣。
3. 長度應以一頁為限。
4. 最後可以附上推薦人的資訊及介紹。

## Resume 示範

Rachel Chen（姓名）

10F,No.43,sec.1,Chungchin south road Taipei, Taiwan. R.O.C.（地址）

+886988026112（電話最好是手機）

rachelskyhi@gmail.com（電郵）

**Objective**（目的）
To obtain an employment as a cabin attendant

**Education**（教育背景從最高學歷開始寫）
B.A.　Germen, Fu-Jen University, Taiwan Sep. 2006-Jun. 2010
G.E.D　Chinese Kuo Ting School, South Africa Sep. 2004~Jun. 2006

**Working Experience / Employment History**
（工作經驗從最近的開始寫）
Part-time children's English teacher, Rachel's English Institute
Aug. 2009- present
1. Teaching children's English and design the textbook and teacher materials.
2. Keep good communication with parents and children.
3. Design the presentation for parents.

Part-time Cashier of 7-11 Convenient Store.
Aug. 2007-Jul. 2009
1. Provided good customer service.
2. Assisting cashier and supply goods.
3. Balancing daily transaction.

## Language abilities and skills

1. Fluent in Mandarin and Taiwanese
2. Fluent in English, Japanese and German
3. Basic language skill of Cantonese

## Attributes（敘述自己的特色）

Warm personality, energetic and willing to help people in need.

## References（附上兩位推薦人，通常外商會真的打電話去跟前主管聊聊，記得要先跟前主管打個招呼）

| Jenny Wong | Jenny@gmail.com |
| Manager | Rachel English Institute |

| Jonathon Huang | Jonathon@gmail.com |
| Manager | 7-11 convenient store |

履歷撰寫教學

## 投履歷的順序與等待期

最後，記得以 Cover Letter、Resume、References 的順序上傳檔案。新航履歷表中沒有地方傳照片，所以很多人以為不需要照片，但還是要放！大頭照可以放在 word 檔的 Resume 中，然後存成 PDF 格式再上傳。附上照片可以讓審核者了解你，收到面試通知的機率也會比較高。

上傳完履歷後，接下來有大約兩～三週的等待期（因為報考人數都是三千人以上，所以需要較長的時間審核，加上閱讀履歷需要很龐大的時間與人力），這段時間要留意官網上的消息，也要常點開信箱的垃圾桶，以免信件被系統認定為垃圾郵件，避免一個不留意而錯失寶貴的機會，那就太扼腕了！

Chapter 5

# 航空業面試
# 準備方式

# 面試的 3 大重點

其實面試有點像相親，第一印象很重要。在航空公司的面試過程中，時間是被壓縮的，且採用「快速面試法」，俗稱「海選」，也就是說，在團體面試中，進場 15 秒到站定位就決定你的去留。你必須能很快的吸引考官的注意力，才能得到好的第一印象。

面試最重要的評選項目就是儀態、笑容和外表打理，這三大重點決定了你的第一印象，而其中妝容儀態是錄取最重要的元素，也就是瑞秋老師常說的：「朝氣、笑容、氣勢」。考生面試的外在形象非常重要，下面這個比重圖可以給大家一個參考：

服裝、髮型、妝容、乾淨度等
外在形象
60%

聲音、語調
25%

內容
10%

# 面試的服裝重點

初試與複試幾乎都是團體面試,所以如果不好好打理自己,不顯示出誠意,一字排開站在一起,立刻就見高低!航空公司通常會在寄初試通知給考生時,也一併告知面試的服儀標準。目前除了外商像新航、全日空、美商不特別要求服裝的細節,只要 business attire(可套裝或輕便套裝)外,國內的航空公司都是要求淺色短袖襯衫,女生深色及膝窄裙配黑色高跟鞋;男生短袖襯衫,深色西裝褲配皮鞋。

## 女生的服裝搭配技巧

女生襯衫的第一顆扣子,要扣在鎖骨中間,袖口不要敞開,不能像穿學生制服那樣。顏色不一定要白色,規定是淺色則可以選擇粉紅色、淡紫色、淡藍色,襯衫上可以有點隱約的條紋,不過不建議上面有明顯的條紋。曾有同學在長榮複試面試時遇到考生穿深紫色上衣配淺色裙子,考官當場便質問:「難道沒有注意到通知信上要求的是『淺色上衣配深色窄裙』嗎?」

既然是求職,當然就要遵守公司的規定,所以應考服儀記得一定要再三確認通知單上的規定。

應試服儀示範。

### 男生的服裝搭配技巧

**襯衫**

材質建議選不易皺的，顏色選水藍色或白色。

**領帶**

款式建議不要太花俏，長度要到腰帶，寬度選一般的（不要用韓式細版的）會比較穩重。市面已有自動領帶，對不會打領帶的人來說可是一大好消息。

男士皮鞋建議以素面、不花俏的款式為主。

# 外商大頭照拍攝技巧

拍攝外商的大頭照時，請大方展現開朗、燦爛的笑容，盡量露齒笑。很多錄取 Emirate Airline（阿聯酋）和 Qatar Airways（卡達航空）的空服員說，這兩家公司都非常喜歡有「燦爛笑容」的考生。

應徵外商航空公司，可以穿褲裝的有：國泰航空、阿聯酋和卡達航空。若是腰比較低的人，建議去訂做高腰褲，讓上半身和下半身的比例呈現出 3:7 的比例，因為大部分的品牌現在都是做中低腰褲，很少是高腰褲，所以要特別訂做長褲、裙子，修飾身材比例。即使是嬌小的考生，穿上高一點的高跟鞋，穿著訂做的長褲，一樣能有優美的身材比例。

申請外商航空公司的大頭照，露出牙齒，展現燦爛的笑容。

穿著褲裝時，手可以交叉放在腰前，看起來比較穩重。

卡達航空全身照示範。

## 其他服裝重點

如何知道能不能著褲裝？可以參考該家航空公司的制服，如果他們的制服有褲裝，就可以著褲裝。本國籍的航空公司如台灣虎航，面試時可以穿褲裝配短袖襯衫；外商航空如卡達、阿聯酋航空以及大部分的美籍航空，也都可以穿褲裝，搭配方式可以參考上一頁示範的全身照去面試。

外商通常會在最後一關要求正式的棚拍全身照；中東的航空公司則是要求裙長過膝，雙手併攏、立正站好。不過，燦爛微笑還是唯一不變的準則喔！

有不少同學在我們粉絲專頁發問：「既然外商講求活潑，那服裝除了傳統的套裝外，有沒有別的建議選擇呢？」

瑞秋老師建議考生可以選擇連身窄裙、高跟鞋，再搭配小外套，這樣看起來典雅，而且身材比例也不錯。顏色的部份，建議不要用韓國的撞色設計，在面試時會顯得太跳 tone，最好還是黑白配、白藍配、灰白配，或是米白配，這些顏色可以讓人覺得你值得信賴，也是建立良好第一印象的第一步。

為求比例修長，建議女生的高跟鞋可以穿約 7 公分左右的高度，讓小腿比例變長。一般來說，黑色高跟鞋建議穿素面的，不要有多餘的贅飾，也不要選漆面的，皮面的比較有質感；鞋底也是建議選擇全黑的，比較好看。

鞋子建議選擇全黑、簡單無裝飾、皮質的高跟鞋。

# 髮妝準備方式

**選好了戰袍，服裝打理沒問題了，接下來要看看最重要的妝容部份。**

我們之所以對日本人的服務印象良好，其中有一部分原因來自整齊的制服與乾淨的髮型。考生在面試時展現乾淨整齊的服裝儀容，就是對此次面試的重視。

髮量多、頭髮長的人要把頭髮盤起來，短髮不碰衣領，瀏海不在眉毛以下（如左圖）。

航空業算是服務業裡的頂尖行業，尤其最近服務業的趨勢以空服員的形象為標竿，舉凡服務金字塔頂端的豪宅秘書、飯店業、高鐵及高端餐飲業等，都要求第一線服務人員以空服員的形象來打理自己。

### 包頭

包頭在視覺上是很乾淨、舒服的，更重要的是，這也展現出公司的紀律及企業形象，還有另一個重點：衛生！如果頭髮飄呀飄，飄到客人的餐盤中，請問客人還敢吃嗎？

目前的面試都沒有強制規定考生應綁日式包頭或法式盤髮，也沒有哪一家適合綁哪種髮型，完全取決於考生適合哪種髮型，以及想呈現出來的「個性」。如果不知道自己適合哪一種，不妨諮詢十位親友，請他們說出自己較適合的髮型，再依此髮型去參加面試。

最近來台招募頻頻的大陸航空公司，都偏好「天庭飽滿」的考生，而且都規定是日式包頭，因此應考時可以梳 all back 的日式包頭。大部分的航空公司，除了華航、新航、國泰，受訓到試用期未滿前，都要求日式包頭外，其他航空公司都是偏好法式盤髮居多，所以建議兩種髮型都學（瑞秋老師有一堂課專門教日式包頭和法式盤髮，就是要讓考生能因時制宜來應用）。

## 法式盤髮

法式盤髮除了典雅外，有個好處是可以修飾頭型。有些人頭型比較扁，就比較適合綁法式盤髮，完成後可再用尖尾梳，挑一下頭頂的弧度來修飾頭型；如果本身臉型已屬長臉或屬頭大身體小的身型，則較適合日式包頭，看起來會比較清爽。

法式盤髮示範。

## 髮色注意要點

許多國內的航空公司會要求考生「自然髮色」。面試時，可以染深咖啡色應試，但若髮色不均勻（布丁頭）則不建議。有同學染了咖啡色，結果在受訓時被學園長要求染成跟大家一樣的黑色，因為站在黑髮色的人旁邊很突出。在團體中顯得突兀是航空公司的大忌，受訓也講求一致性，所以她每天都被主管唸，後來乾脆染成黑色，一勞永逸。

## 短頭髮的打理技巧

如果你是短頭髮的女生，照樣可以亮麗登場、順利錄取！只要把頭髮梳理、整理好，頂個典雅、落落大方的髮型也是一個不錯的選擇。拍照的時候記得把頭髮塞耳後，這樣你的五官才會更立體、明顯，也會看起來比較有朝氣。

# 空姐妝的注意要點

剛畢業的同學在各個航空公司的考試中，常在第一關面試就被刷掉，有時甚至是因為履歷表上的相片不夠突出，成為幾千人中被刷掉的半數之一。問題出在哪？通常是因為不懂得利用化妝技巧，突顯自己五官的優點、隱藏缺點。

以瑞秋老師多年上課的經驗，發現大多數的人平時都不太有化妝的習慣，所以化妝技巧都不嫻熟，甚至對自己五官的優缺點、適合自己的化妝品顏色都不了解，應該是平常沒什麼接觸化妝品，崇尚自然美的關係。其實化妝是一種禮貌，也是對別人和自己的基本尊重。日本、韓國的女孩子，普遍在小學都已有接觸化妝品的經驗，每天也會在自己的臉上練習，所以很清楚如何突顯自己五官的優點，讓自己在上妝後更有自信。

化妝是一門需要不斷實際練習才會進步的學問，而化妝品如果選得不好，還可能會造成反效果。擁有美麗的儀容卻沒有優雅的儀態，同樣會讓考生在數百人的競爭者中成為遺珠。在面試時，面試主管看的不外乎是容貌和儀態，畢竟空服員是一種美的行業，如果儀態不佳，穿起制服來便沒有那個架式。

## 應試妝教學

**Step 1** 先上眼妝

用眼影膏打底，請注意，眼影膏打底時畫的形狀很重要。眼影膏的材質要選比較黏的，眼妝效果才會比較好。

**Step 2** 上眼影

可以用眼影棒或眼影刷，沾取足量的眼影，才不會看起來髒髒的。

**Step 3** 上腮紅

腮紅的形狀要對稱，將笑肌擠出來，腮紅的位置會比較對稱。

**Step 4** 上口紅

要先化唇型，才不會看起來像香腸嘴。外商航空公司最近較偏好正紅色；國內的航空公司則偏好深桃紅色。上口紅時建議「唇蜜選飽和色＋桃紅色的口紅」混合在一起後，再上至唇部。這樣的使用方法，讓瑞秋老師在飛行時常被日本人稱讚呢！我也比較常使用四色口紅盤來調色，之後配合上衣的顏色，以及應考的航空公司喜好來調整口紅顏色的深淺。比起單支口紅，口紅盤的 CP 值更高。

**Step 5 完妝**

完妝後，請再次檢查一下彩妝的比例，以紅色來說，比較好的比例應該是：口紅亮度＞眼影＞腮紅。

## 眼妝重點

參加面試時，請盡量選擇淡紫色、金色、咖啡金、淺綠色、紫粉色等顏色。

面試眼妝需搭配個人氣質、襯衫顏色，才能做完美的整體搭配，相得益彰。眼影形狀也是可以調整眼睛大小的一個小撇步。畫眼影時，

瑞秋老師通常會用同色眼影膏先打底，例如：咖啡金系列眼影配金色眼影膏；粉色／綠色／藍色系列眼影則用銀色眼影膏；紫色系列眼影則用紫色眼影膏打底後再上眼影，這樣效果會更持久、顯色，也較不易暈染。

---

— 瑞秋的小叮嚀 —

掌握正確的化妝方法與技巧，並在舉手投足間展現優雅與美麗的一面，是考生最需要掌握的幾個重點。大家應該要「隱惡揚善」，把自己的缺點藏起來，顯露自己的優點，讓人眼睛為之一亮。

# 航空業面試技巧

瑞秋老師常說，面試的大絕招就是：朝氣＋笑容＋氣勢。人在緊張的時候，大腦只能運作大概 30%，腦筋容易空白的人也不在少數，因此最好在平常練習時，就把應試禮儀、良好的儀態面試技巧練到自然反射，這樣大腦才能專心去面對考官，回答問題。不過，面試緊張還是難以避免，所以我設計了一個口訣，「**朝氣、笑容、氣勢**」，把這六字口訣記在腦海，進場前當做 check list 來幫助自己。

## 朝氣

朝氣就是聲音語調的運用。問候考官時要有朝氣，有些人講話語氣很平板，考官一天面試上百人，聽到最後都快要睡著了，所以一定要避免講話聽起來很平淡；有的人說話則過於有朝氣，那也會產生不好的觀感，所以我們在上課時，老師都會一一聽大家講話來調整語速、語調，幫助大家抓到最適合的語氣。

## 笑容

燦爛的笑容能讓人感覺到你的好磁場。牙齒美白很重要，根據瑞秋老師的觀察，牙齒愈白，愈容易在面試時取得好分數。每個人好看的笑容角度不同，所以不妨拿竹籤來練習笑容，每天咬 30 分鐘，以嘴角不碰到竹籤為主，讓肌肉習慣笑容的位置——這就叫「身體記憶法」。

## 氣勢

一進場即給考官燦爛的笑容，站定位後用「WAVE 視線法」對每位考官點頭致意，讓每位考官都覺得被重視。考場上，很多人都是站著死盯著考官笑，可是，考官被你看得都頭皮發麻了，怎麼會選你呢？自然的視線接觸及「WAVE 視線法」是很重要的面試技巧，在美姿美儀／儀態面試技巧課中，老師都會親自示範，並帶著同學一起做，教大家如何抓重要的 timing。之後自己練習時，才能抓住要點，不易忘記。

# 面試儀態注意要領

這份工作因為每天都要面對旅客，所以舉手投足間不僅代表自己，也代表整間航空公司，這也是為什麼考官特別重視儀態的原因。電視曾經報導過，在等候區就有考務人員在留意每位考生的儀態，例如，翹腳、抖腿、駝背、O型腿及走路拖步等陋習。這些被報導出的留意事項，其實也就是航空公司會特別注意的細節，所以，真正的競爭從等候區就開始了！

## 儀態的 6 大重點

### 1. 等候時不要翹腳或抖腳

不良儀態與高雅的制服很衝突，所以如果平時有翹腳或抖腳的習慣，一定要趕快改掉。

### 2. 走路時不看地上

看地上走路會駝背，感覺沒精神、內向。

### 3. 駝背是大忌

駝背或高低肩會影響穿制服的美觀，所以如果在面試時駝背，是很容易被刷掉的喔！一場面試大約是 20 ～ 30 分鐘，建議每天貼壁 15 分鐘，矯正高低肩及駝背的問題。雖然很酸，但持之以恆可以大大改善駝背的習慣。習慣了 15 分鐘後，再增加為 20 分鐘、30 分鐘，訓練自己儀態的優雅。拿稿進場要帶著笑容，不要駝背、眼睛不看地上（如右圖）。

## 4. 練習站姿、坐姿

很多人可能會想：站著就站著，有什麼好練的？其實，因為這份工作常常要「迎賓」，所以如果駝背、斜肩或站立時腿開開的，給顧客的觀感就會被打折。航空公司初試時，都會要求考生站著朗讀短文，或請考生走 U 型路線，審查大家的走路及站姿儀態。

站立時，女生的腿一定要併攏，雙手掌心建議合攏放在小腹上；肩膀要留意有沒有高低肩或斜肩的問題，必要時，可以穿防駝背帶或是在上衣加個薄薄的墊肩調整高低肩。

## 5. 用開心愉快的心情，展現燦爛的笑容

來面試如果臭著一張臉，那考官一定想：這個人怎麼會適合做第一線的服務人員？所以，平常有空請拿著鏡子多練習笑著講話，看看自己笑起來什麼角度最好看，並持續的練習，每天練 30 分鐘，一定會讓臉部肌肉記得最好看的笑容。

## 6. 眼神不要飄忽

飄忽的眼神會讓人覺得不誠懇，說話的內容也會讓人對其真實性存疑，所以說話時要看著對方的眼睛，才能讓對方感受到你的誠意。

# 聲音語調的訓練方式

廣播詞在飛行中扮演著舉足輕重的角色，一個好的廣播者不僅要傳達正確的訊息，其音色還要讓人有餘音繞梁的舒服感，因此，考官不但會從廣播詞中檢視考生的咬字、發音，也會考量其音色是否與航空公司的形象相符，所以這短短的一分鐘廣播詞朗讀是非常重要的。

現在的考試為了要順便測試考生的英文程度，所以多半將英文廣播詞改成隨機的英文短文來測試考生，不過，即使唸得不是很流暢，也沒有關係，重點是聲音及語調的特質，能表現出考官想要的即可。

## 朗讀的 5 大要領

### 1. 咬字清晰、發音清楚

平常我們講話時，常常會字與字連在一起講，雖然平常大家都聽得懂，但是飛機上的引擎聲很大聲，若話講不清楚，做完廣播或是問餐時，旅客就會因聽不清楚再三前來詢問，增加組員作業上及旅客的困擾，所以為求訊息傳達一次到位，咬字一定要清晰才可以。

### 2. 說話要有抑揚頓挫

平板的廣播不但不能吸引客人的注意，還會讓人覺得沒有活力，甚至有背稿的感覺。因此，說話時加入抑揚頓挫，訊息能更明確，也更容易被聽懂。這個部分比較不容易掌握，所以最好的方法就是拿一篇社論或報紙上的報導來練習語氣，即使音色不好，勤也能補拙。

### 3. 廣播詞就是在聽「音色」

面試時緊張是每個人都一定會的，緊張時，每個人的聲音表現就會跟平常不太一樣。如果你平常的聲音比較低沉、小聲，請有意識的把語調提高，讓朋友聽聽看怎樣的語調會有愉悅感；相反地，如果你的聲音很尖銳，就要放鬆喉嚨，讓聲音柔和一點，讓聽者覺得舒服。

### 4. 多加練習台語的發音

現在幾乎大部分的航空公司都要求會說台語，若是台語發音不準，很容易貽笑大方或引起誤會。曾經有人將「收拾」行李的唸成「收屍」；「行李」唸成「牲禮」而被客人笑半天。在面試時，考官偶爾也會要求用台語回答問題，或介紹自己。台語對答能力已愈來愈受到重視，所以也請大家有空看看台語劇，學劇中人物說話，加強自己的台語對答能力。

### 5. 英文廣播詞不懂的字帶過即可

在唸英文廣播詞時，看不懂的字就帶過，盡量不要卡住或花時間在拼音上。基本上來說，唸英文短文時只求順暢，考官評分標準會以語調為主，不會要求考生每個英文字都唸得很正確。如果唸得斷斷續續的，會讓人聽得很不舒服，相對地也會顯示考生的自信心不足。流暢地帶過去，讓錯誤發音沒那麼明顯，也可以藉此顯示自己遇到問題時，能不慌不亂的處理。更重要的是，朗讀文章時要帶著笑容朗讀，聲音才會有愉悅感。

練習廣播詞就是在練習說話語調，許多人唸文稿時語調平板，在面試時做自我介紹或回答也是一樣沒有抑揚頓挫，所以瑞秋老師在幫大家做模擬面試時，常會特別幫同學留意，會以講話的聲調和給別人的感覺來進行評估。

第一印象不是只有外表服儀很棒就好，說話的語調呈現也是很重要的一部份。請大家多做練習，並請朋友多幫你聽聽看。

— 瑞秋的小叮嚀 —

現在航空公司沒有要求空服員的身高、體重、長相等外觀條件了，因為服務業講求的是親和力與良好的對應能力，而考官扮演的角色其實就是顧客，考官會用顧客的角度，選出最適合這份工作的人。不要怕考官，找出自己的優點並努力發揮，讓自信成為自己最好的化妝品，並用親切的態度與燦爛的笑容去征服你的顧客，相信考官也能注意到閃閃發亮的你喔！

Chapter 6

# 提高錄取率的
# 面試技巧

# 十大面試基本類型介紹

準備面試的方法有好多種，但是有很多人都不知道要如何準備。準備面試不是卯起來從網路上下載面試 100 題、200 題，然後寫題目背考古題就行了，這樣只會讓自己累到不想考試而已喔！

曾經有同學在粉絲團私訊瑞秋老師：我已經自學了化妝，也曾經擔任親善大使，面試的考古題也下載了這麼多題，但為什麼考了一兩年多，卻總是在最後一關被刷下來呢？

想要準備面試，就先要了解面試的類型，才能從中找到方法準備。

## 面試的 10 大基本類型

### 第 1 種：自我介紹

考官從自我介紹，或是從履歷中問問題。這類型的面試多是 5-6 人一組，幾乎 95% 的工作面試都是屬於這個類型，包括長榮、華航、華信、遠東、海南等航空公司，所以準備面試的過程中，最重要的就是準備自我介紹。

自我介紹又會因不同的航空公司，而有不同的需求，舉例來說，這兩年華航、遠東航空第一關的自我介紹要求 20 秒，而且時間一到會按鈴說「時間到」。大部分的考生在自我介紹時，時間掌握多半不好，所以常常講很多卻沒有講到重點，以致於時間到了被按鈴制止時會很懊惱；有的甚至會因為嚇一跳，再也無法保持笑容，影響接下來的表現。像這樣的情形多不多？很多！

在第一關的 20 秒自我介紹中，考官會要求考生講出：「編號、畢業學校科系、專長和興趣」，這個部分要以重點式的敘述法表現，不要拖拖拉拉的，考生也可以想個令人難忘的綽號或有趣的稱呼，來吸引考官的注意力。

如果是第二階段的自我介紹，最好準備 30 秒的長度，講話的語調及節奏要明快愉悅，讓考官們感受到你是真心想加入這家公司。以下範例為錄取長榮、阿聯酋以及大陸公務機公司空姐的自我介紹：

## 中文自我介紹

各位考官您好，我畢業於東海大學日本語文學系。從小有機會到馬來西亞、澳洲及日本就學，感謝這些求學經驗，不僅增廣了個人的視野，也讓我在多益考取 985 分，並且通過日文檢定一級，加強了我多國語文的能力。

畢業後，有幸進入美容機構擔任董事長助理。在這裡，我從基層學起，跟著美容師們一起受訓，我也學會了聆聽顧客的需求和銷售服務的技能。由於自己溫和、平易近人的個性，所以客人們都很喜歡我。尤其是年長的奶奶們，常常會非常熱心地想要把自己的孫子介紹我認識。這段期間，也因為自己親切的笑容和貼心的服務，擔任公司廣告影片的形象大使。

希望有機會能夠加入 OO 航空的優秀團隊，服務來自世界各國的乘客，並一起飛翔。謝謝各位考官。

複試面試是坐著由考官提問。

## 英文自我介紹

有些同學問我，英文自我介紹是否也要和中文自我介紹的內容一樣呢？同學們請仔細想想，這不是考中翻英，為什麼一定要一樣呢？通常面試會把中文面試和英文面試分開，考生可以依據自己的語言表達能力、語速來設計自我介紹的內容，甚至也可依據不同航空公司的特性來寫自我介紹。

例如日系的航空公司比較中規中矩，最好依照考官的要求，講他們想聽的內容；如果是外商如阿聯酋航空、國泰航空或是廉價航空，屬性則比較活潑，鼓勵考生發揮個人特質，那麼自我介紹就可以比較活潑一點。

Good morning ladies and gentlemen, thank you for inviting me here. Since I was four years old, I have been traveling and living in many countries. Because of it, I have become fluent in numerous languages. I have scored 985 for TOEIC and passed N1 for the JLPT test. I wish to provide an exceptional service to your passengers with my warm, caring and cheerful personality. I'm also a quick learner, and hope I can have the great opportunity to learn and grow as part of EVA/China airlines. My name is Crystal. Thank you for your listening. Thank you.

如果在履歷中已註明會第三外語，幾乎都會被考官加碼，要求講第三外語的自我介紹。例如瑞秋老師是德文系的，當時就被每一家的考官要求用德文自我介紹，或是用德文翻譯自己剛剛說過的話。第三外語的自我介紹長度可以比照 20 秒自介，有時考官只是想聽聽考生的外語表達流暢度，聽不懂的情形下講很久可是會讓場子冷掉喔！

## 日文自我介紹

皆さんこんにちは、はじめまして、私はまこと申します。台中の出身で、大　　での　攻は日本語　科でした。趣味は、歌うことと運動することです。今度面接のチャンスをお与えいただき、まことにありがとうございます。どうぞよろしくお願いします。ありがとうございました。

**— 瑞秋的小叮嚀 —**

面試場中，考生難免緊張，大部份的人也都有卡詞的經驗，所以自我介紹最好用「列點」的方式來表達自己的專長，考官也容易聽得到重點。如果真的太緊張卡住了怎麼辦？沒關係，繼續講就可以了，考官都能理解這個情形的。不要說「對不起，我再來一次」，考官有時間壓力會打斷你的，所以還是要在家裡多練習幾次，如果可以的話，用手機錄音，聽聽自己的語速和語調是否合宜，如果有家人可以當觀眾，就請他們幫忙當評審來幫你從自我介紹中問問題。

如果上班都不方便，瑞秋老師建議一種很不錯的方法：自問自答。以前瑞秋老師考空服員時，是沒有讀書會，也沒有同學可以一起準備，那時我用的方法就是「腦子裡想到什麼問題，就要求自己馬上回答」，講不好的就重講一遍，自己覺得不錯的回答則寫下來列入重要筆記，久而久之，也能練出很好的臨場反應喔！

錄取兩家國際線龍頭
航空公司的空姐。

### 第 2 種：交叉型互相介紹

所謂交叉型互相介紹，就是考官提出問題，請考生回答。考官會在出題後請旁邊的同學來重述你所說的內容，並請你提出他說的重點，依此了解在團體面試的過程中，你是否專心聆聽旁邊同學說話，也可以了解誰最具有團隊合作的精神。

這種考試方式在華航近兩年的複試中都曾出現過，有時是考官等六個人都講完自我介紹後，才要求某一位介紹同組的另一位考生，像是：「能不能請你介紹一下第三號考生？」如果剛好在發呆，或是一直在默背自己的自我介紹，沒聽到別人講什麼，那就完了！這種人表現出來的個性就是活在自己的世界，是不會被錄取的喔！

介紹他人也是有技巧的，如果把別人說得很棒，考官說不定就真的認同你的說法，直接錄取那位考生，那也是適得其反。這一題考驗的不只是考生的臨場反應，也考驗你在團體當中是否會真的如你所說，去聆聽顧客的需求，遇到客人提出你不太會的問題，你會不會慌張呢？從這個新型的面試方法中，考官也能因此了解你的個性。

### 第 3 種：小組團體討論

這類型的考試通常是外商航空公司，如國泰航空、阿聯酋航空、全日空航空以及廉價航空較常採用。

通常來說，小組團體討論的面試人數比較多，大約一組 10-15 個人。考官會先提出一個主題，給 15 分鐘，讓這個小組的團員們進行討論。這類型的討論能夠看出考生與其他人的互動情形，也能看到考生的儀態。考官可以在比較短的時間內做考生對比，並從中發掘他們需要的人才；考生在回答問題時，也能展現出工作的適性程度。這種考試方式能讓招募方快速的消化大批應徵人員。

全日空在 2017 年 11 月的招募中，第一天和第二天都讓考生進行團體討論，題目有：

"If you can be a super hero, who do you want to be?"

"Which gender do you want to be if you can reborn again?"

"Do you agree or disagree to travel with a group that leads by a tour guide?"

"Do you think smartphones and computers have made our lives easier?"

上述這些問題沒有一定的對錯，考生可以依自己的想法說出理由，回答長度不要太長以免占用到別人發言的時間。發言前不需要自我介紹，簡單打個招呼和說出自己的名字，接下來就講自己的看法即可。

請注意：

1. 表情不可表現出尷尬，或是過於急於表現。

2. 不要「冷場」和「搶話」。

大家都不認識，只是被考官依序安排坐在一起，給個題目後就要馬上發表自己的想法，很多人都不敢先講話，反而浪費了寶貴的溝通時間，其實只要記得「帶著微笑，禮貌的發言」就可以了。如果有人剛好同時間跟你一起開口，禮讓對方先講，反而會讓考官看到你禮貌的一面。

如果你說話時手勢比較多，在面試時要如何表現呢？我們這樣說好了，如果說話時請你一直按壓著蠢蠢欲動的手，考官看到也會覺得你的動作很奇怪、不自然吧？與其這樣，在說話時適時加入一點手勢輔助是可以的，不要過度就行了。

小組團體討論有個很重要的要訣，就是要學會掌握團討的「步調」，不要因為不好意思說話而被不懂的人牽著鼻子走。如果考官要求在討論後做出結論，在時間到之前一分鐘，就該進入討論結論的環節了。在最近這次的全日空小組團討海選，一位同學反應同組有個比較強勢的考生，她說要用「投票表決」的方式來處理大家意見不同的問題，而且因為大家在時限前無法結束討論，那位強勢的考生於是跟考官說："Wait, we are not done yet."，男考官的臉馬上垮下來，直接說："All of you didn't pass this interview!"，也因此他們那組全部都被刷掉。

為什麼？因為在這種情形下，發現對方處理方法不對的人也應該勇於發揮CRM（cockpit resource management）*的精神，避免大家都走向錯誤的 dead end。另外，由於考官會站在每一組的後面，一邊看著履歷，一邊觀察每個人的表現，所以講話太小聲、儀態不佳都可能會讓考官覺得你不適任空服員的工作，所以建議大家在家裡多練習坐姿和講話的聲調，才能提高自己的信心喔！

\* 註：CRM 源於以前副駕駛畏於機長的權威性，即便發現機長的決定是錯的，也不敢提出質疑，導致飛機失事比例偏高，因此後來有一 CRM 觀念的建立：勇於指出錯誤、接受錯誤、用客觀的態度來溝通、交叉檢查並從錯誤中學習。因 CRM 可以降低失誤率，所以目前許多企業均推廣這類課程。

### 第 4 種：遊戲互動型面試

遊戲互動型面試也可以說是另一種小組活動考試型式。考官會準備一些道具，讓每一組的考生做遊戲互動，像是三角板的組合、飛機模型的組合、利用橡皮筋搭建一座三角塔等等。透過遊戲的方式，觀察考生的互動，藉此評估考生的適性度。

## 第 5 種：俄羅斯輪盤式面試

這種類型的面試有點像俄羅斯輪盤，意即請考生抽題目或圖片看圖說故事。長榮航空的英文面試會藉由這個方式，測驗考生的英文表達能力，以及臨場反應能力。當然，考試表現也跟平時的訓練及英文的表達能力有關，如果抽圖片回答的內容太短，旁邊的考官會加碼提出履歷問題或是針對圖片詢問問題要求延伸回答，這時同學們不要太慌張，穩住心情，告訴自己：「考官現在不是在刁難我，他只是想要我多說一些話而已」。太緊張只會讓自己結巴，更表現不出平常的水準，所以要多多自我心理建設。

「抽句子或抽圖片」這種隨意發揮的題目說難不難，說簡單也不是很簡單。若英文底子不錯的人，應該還可以講出一些內容，但有些同學平常對英文不是很熟悉，就容易在緊張時結結巴巴，或腦筋一片空白。如果想加強自己的口說及反應能力，建議同學平常可以看報紙或在 Google 上隨意打出一些字、找圖片，要求自己即時敘述。當下有些字說不出來沒關係，查字典後再繼續敘述即可，如此一來，也能慢慢增加自己的字彙量。

英文表達能力本來就要靠平時的累積，臨時抱佛腳的效果有限，每天只要10 分鐘，不用太多，也能累積出好的口說能力喔！

錄取國際線空服員在上課時演練抽問題，並要求同學用英文回答。

狀況模擬演練目前在華航、阿聯酋以及全日空航空面試中曾出現過。考官透過狀況模擬演練以及免稅品銷售示範，評估考生的適性狀況。這樣的考試通常會在面試的第二關出現，考官會假設一個狀況題，例如：房間數量不夠但是卻遇到 overbooking 的狀況，該如何拒絕顧客？該如何與顧客道歉？更精彩的是，考官有時還會加入對戲，扮演奧客刁難考生！考官透過情境題觀察考生，看看考生在面對要求比較多的顧客時，是否還能夠用親切有禮的態度來應對。

## 狀況題（考古題）

如果我們的郵輪房間只剩一間，但有六組客人來（皆不在名單上），請問你會選哪一組人讓他們登船？客人的背景有：想來過結婚紀念日的老夫妻、記者、明星、度蜜月的夫妻、第一次出國搭郵輪的旅客。當你選定了某一組人，考官就會問你為什麼要選他們，不選其他組客人？你又會如何拒絕其他人？依此不斷延伸演下去（要看考官有多愛演）。

到底要如何應對與選擇呢？已錄取的同學說，遇到考官扮演奧客時，道歉之外也要提供贈品，雖然考官一直盧，但也要很有耐心的帶著歉意的微笑站穩立場——這點是瑞秋老師覺得面對顧客很重要的一點。

以免稅品、餐點、各項機上備品銷售為業績的航空公司（如廉價航空），都常常會有「免稅品的推銷示範」考題。考官會隨意指定桌上的物品，請考生現場示範如何推銷給客人，考官也會扮演起臨時顧客搭腔，甚至故意刁難考生，看你是否真的有實務上的經驗。建議有服務業經驗的同學，平常要多練習如何用有禮貌的態度與顧客對應（在「服務用語教學課」中，瑞秋老師也特別提供中文、英文的服務用語，教同學如何用專業的服務用語話術，提高自己的服務水平）。


## 第 7 種：才藝表演

才藝表演在廉價航空、遠東航空，以及華信航空的最後一關曾出現過。考生可以在會場自由發揮創意，可以是說笑話、唱歌、跳舞、演奏樂器等等。曾經有一位錄取的同學在華信航空最後一關（表演才藝），靈機一動，教同組的另外兩位同學表演香港男歌手團體草蜢隊的成名曲：失戀陣線聯盟！不僅把氣氛炒熱起來，也展現出她良好的臨場反應，後來也成功的錄取了錄取率極低的華信航空。


## 第 8 種：多對一面試

多對一面試通常出現在外商航空公司，像是全日空、卡達航空、阿聯酋航空、國泰航空的最後一關。這一關的面試通常短則十分鐘，長則四十分鐘，普遍的面試時間大約在二十分鐘左右。

考官一開始會請考生自我介紹，或是直接從個人履歷中提問，請考生回答，藉此考驗英文對話能力。除此之外，問題通常是針對第一個問題，再從中延伸下去問。如果回答的內容太少，也有可能讓考官覺得這位考生很難聊；

回答的內容太雜太多也不行，會讓聽的人失去耐心。要瞭解考官在問這個問題的背後有什麼涵義，才不會回答了錯誤的方向。例如，考官可能問：「以前是否有遲到的記錄呢」？可能就是在影射「在學時期的操性成績不太好」，想了解你後來是否重新重視出缺勤記錄，因為空服員一定要守時，不然遲到的話，飛機就飛走了！

考官也可能打量著你問：「你喜歡什麼樣的休閒活動？」可能是因為覺得你很瘦，好像沒有什麼力氣，怕你無法負荷空服員繁重的體力活，於是想了解你是否平時注重「健康管理」？是否有在做體能訓練或運動？像這類型的問題不勝枚舉，除了平常人際關係的對應敏銳度要夠之外，在瑞秋老師的「履歷自傳 CV 課」以及「中英文面試回答課」中，都會請不同航空公司的老師們來教同學「如何在面試當下，辨視考官問題中真正的涵義」，這樣的教學主要是告訴同學們，問題不是只有表面上的意思，要想想考官會問這題真正的動機，才不會回答了一堆，卻完全沒有說到考官想聽到的答案喔！

### 第 9 種：短文朗讀 + 廣播詞測驗

短文朗讀和廣播詞測驗通常出現在第一關，這一關考驗你的語文能力，但更重要的是，考官想要了解你的音質好不好、口齒表達清楚嗎？口語表達能力如何？這一關海選，每次通常會刷掉 70% 的考生，也因此瑞秋老師會在「美姿美儀與朗讀技巧」這門課中，親自示範要怎麼發音才會使聲音清脆甜美；嘴型怎麼開才能咬字清楚。由於每個人的狀況不同，所以要　個個指導，並針對問題提出具體的改善。

講話的問題不是一下子就能改變的，它是一個長時間的習慣養成，所以想改變自己的說話習慣，要落實「平時想到就練習」的策略。我也常要求學生平時在家的時候多唸報紙，唸的時候口齒要清楚，運用呼吸技巧讓段落分明，並

要帶著笑容練習講話，才能讓考官耳目一新喔。


## 為什麼航空公司要考中文朗讀？

因為有些國外長大回來面試的同學英文很強，但中文能力有限，而台籍組員最重要的工作之一就是做廣播（public announcement），因此許多航空公司會加考中文朗讀。

做廣播除了音質、音色會被評選外，最重要的就是「咬字清晰度」，例如：擔任ㄉㄟˋ（ㄖㄣˋ），我是個熱ㄉㄤˋ（ㄖㄜˋ）心助人ㄉㄣˊ（ㄖㄣˊ）的人ㄉㄣˊ（ㄖㄣˊ）……這些都是一不小心，就會犯的口語發音問題。

廣播也代表著一個公司的企業形象，所以如果客人聽到有著台灣國語的廣播，客人也會學著講話笑個不停，所以不論空服還是地勤的面試，咬字的清晰度就變成錄取的關鍵之一。

＊注意：「該捲舌的音要捲舌」，不需要捲舌的音就不用刻意捲舌囉！


» 中文廣播詞範例：

1. 依據民航局的規定，請您於機門關閉後，一直到到達後開啟機門前，將您的行動電話、電子用品、無線電收發報機及各類遙控器等關閉至飛航模式，謝謝您的合作。

2. 位於地板上有裝置緊急導引燈，如遇緊急狀況需要疏散時，它會指引您往出口位置所在。同時，本班機全面禁菸，損壞洗手間煙霧偵測器是違法行為。現在請您扣緊安全帶，我們即將準備出發，謝謝。

3. 提醒您依據民航局規定，就坐時未繫好安全帶、在客艙或洗手間內吸菸、在機上使用干擾飛航或通訊的器材及不遵守機長為維護機上秩序與安全的指示等，都是違法的行為，請特別留意以免受罰。

4. 今天的飛行時間大約是兩小時四十分鐘，在本段航程中，我們準備了餐點及各種飲料招待各位，希望帶給您一個舒適愉快的旅程。

5. 我們即將開始免稅品的售賣服務，機上備有多項免稅酒、香水、化妝品供您選擇，詳情請參閱您座椅前背袋內的「機上購物雜誌」說明，如需購買請洽詢空服人員，謝謝。

6. 當您結束旅行返回韓國時，禁止攜帶水果類及挾帶有泥土的植物，在不得已情況下如需要隨身攜帶時，應在下機後立即到植物檢疫所進行申報，如發現有私藏、逃避檢疫等情況，將予以最高 500 萬元韓幣的罰鍰。

7. 我們現在即將為您提供餐點的服務，為了方便後方的旅客用餐，請您將您的椅背扶正，並將面前的桌子打開，今天服務的餐點是牛肉飯，祝您用餐愉快，謝謝。

8. 根據中華民國海關規定，入境旅客攜帶免稅菸限 200 支、酒 1 公升、外幣超過等值美金 1 萬元、新台幣 6 萬元以上，請您向空服員索取海關申報單申報。

9. 另外過境的旅客請注意，請攜帶您的手提行李下飛機，到過境室並與我們的地勤人員連絡，以便辦理班機銜接的手續，謝謝。

10. 根據日本的法律，沒有動物檢疫所的許可，不得將肉、火腿、香腸、臘肉等肉品帶入日本。另外禁止攜帶鴉片、海洛因、大麻、興奮劑等毒品及槍砲武器、偽製品等物品入境。違法者將受到處罰，請您特別注意，謝謝。

## 英文廣播練習

華航、長榮的英文短文朗讀通常不會侷限於廣播詞。近年來，多採機上雜誌的文章，截取部分作為短文朗讀的考題。這些短文朗讀需要特別留意「人名」，有可能是名人的名字（如：華航董事長的名字），唸錯的話會顯得時事觀不足；有的是「地名」，航空公司是旅遊產業，所以想投考航空業還唸錯地名也蠻糗的，所以一定要多加注意。另外，時間、機型、公司名稱都要熟悉一下其唸法，才不會特別引起考官不必要的注意喔。

英文朗讀在發音上，比起中文更容易被聽出口音或發音不正確的地方，例如：「L」不捲舌、「R」要捲舌。如果留意到這個細節並已修正的話，英文的發音會明顯進步很多喔！

在開始朗讀前，請花一點點時間先把整段文章看過一遍，了解一下文章的內容，以及有沒有人名、地名、機型等特定發音的字，再開始朗讀才不會慌張。

### » 英文廣播詞範例：

1.  At some airports, carry-on baggage rule may be more restricted due to aircraft's stowage capacity. Even though your carry-on baggage is within the limited size according to picture above, if the baggage that cannot be securely stowed in the cabin then it will not be accepted at the boarding gate or on board. The baggage will be stored as checked baggage and placed in the cargo compartment.

2.  If you put your free carry-on item in the seat pocket, it should be within the vertical line from the seat back and under no circumstances can it protrude into the aisle. Passengers are permitted to place small bags on their shoulders or waists after fastening seat belts

3.  Always keep your seat belt fastened while seated as a precaution against sudden turbulence. If you use a blanket, please fasten your seat belt over the blanket. After landing, please remain seated with your seat belt fastened until the seat belt sigh goes off.

4. In order to provide the convenient service, Kiosk Check-in & Self Tagging Service will be available for passengers to print out the baggage tag, you can input the number of baggage you wish to check and print your baggage tag, please keep your baggage receipt and follow the instructions to stick your check-in baggage at drop point and complete the check-in process.

5. Limited supplies of inflight amenities such as eye-shads and toothbrushes are available on longer flights. If you are assigned to an exit row seat, you may be asked to assist our crew members in the event of an emergency evacuation.

6. Mobilc booking is now available through the EVA Air app for iPhone and Android. This service is currently available for routes that originate in Canada, Hong Kong, Singapore and Thailand, and for flights from Macau to Taiwan.

7. Star Alliance has since its inception had a strong presence in Asia / Pacific. With the addition of EVA Air to our existing combinations of member carriers and hubs, we further cement our position of providing the strongest network on an international scale to, from and within this ever growing region.

8. During takeoff and landing or when the aircraft is climbing or descending at altitudes below 10,000feet, the use of all electronic devices is prohibited, including personal audio and video devices, video cameras and digital still cameras, handheld electronic, radio receivers and transmitters.

9. For your personal safety, please return to your seat and fasten your seatbelt whenever the "fasten seatbelt" is illuminated. During takeoff and landing, return your table and seat back to their original upright

positions. Please do not stand up or leave your seat until the plane has come to a complete standstill and fasten seatbelt sign has been switched off.

10. According to the C.A.A regulation, cell phones, radio transmitters, remote control or any other electronic devices must turned to flight mode until we arrived. Thank you for your cooperation.

11. There is an emergency lighting system on the floor. This will guide you to all exits, in case of evacuation. Now please fasten your seat belt, we are about to depart. Also this is a non-smoking flight. It is illegal to destroy the smoke detector in a lavatory. Thank you for your attention.

12. We are going to serve meal soon. It's our pleasure to offer you beef with rice today. Now, please upright your seat and have your table ready. Thank you and enjoy your meal.

13. According to the Republic of China customs regulations, each passenger allowed to bring one liter of alcoholic liquor and 200 cigarettes into Taiwan. If you carry over 10,000 us dollars, 60,000 NT dollars, please call your cabin attendant for custom declaration form.

14. For transit passengers who are going to Kao-shung may we have your attention please: Please take all your personal belongings to the transit lounge and contact our ground staff for next destination. Thank you.

## 台語朗讀練習

以下是長榮航空考過的台語句子：

1. 請問您的手提行李需要幫您放到前方的衣櫃或椅子下方嗎？

2. 桂冠艙的洗手間在前方，離您比較近的是在左前方。

3. 很抱歉，現在沒辦法幫您把購買的貨品退貨，請寄回長榮航空公司。我們會盡快為您處理。

4. 我是○○○，歡迎您搭乘長榮航空的班機，很高興為您服務。

5. 請您將安全帶繫好，椅子豎直，桌子收起來，班機準備要起飛了。

6. 我們即將開始免稅品的銷售服務，有關產品請參考長榮空中雜誌。

7. 不好意思，您的行李擋到緊急出口了，可以請您放到上方的行李箱嗎？

8. 現在飛機準備降落，請繫好安全帶。

9. 各位旅客您好，我們班機有延誤，敬請稍候片刻。

10. 很抱歉，因為飛行時間過短，沒辦法提供免稅品的銷售服務。

11. 飛機上禁止吸煙，化妝室也不能吸煙，敬請合作。

12. 今天班機有所延誤，在此向您說聲抱歉。下機時請記得您的行李。

13. 音樂頻道在第 13、14 頻道。

14. 張小姐，需要把您的外套掛起來嗎？有需要幫您把行李放上去嗎？

15. 我們的《蘋果日報》沒了，但有其他報紙，請問您需要嗎？

16. 因為氣流不穩定，因此將暫時停止銷售服務。

17. 張小姐，感謝您來搭乘長榮航空公司的班機。希望您會滿意這次的服務。

18. 行李不見的旅客，請與空服人員聯絡。謝謝。

提高錄取率的面試技巧

19. 本班機全面禁煙，請不要吸煙。

20. 林小姐，請問您要休息了嗎？需要幫您調整座位嗎？

21. 對不起，先生，麻煩您將行動電話關機。謝謝。

22. 您還沒成為會員，需要給您一張會員申請書嗎？

23. 今日的天氣是晴天，溫度大約是 24 度。

24. 早安，你的是靠窗的位置，30K 的座位，沿著走道走。

25. 先生，請問您需要我幫您將外套掛起來嗎？


## 英文短文練習

以下列出幾則範例：

1. Xuzhou, the oldest city in Jiangsu Province, is best known as the cultural center of the Eastern and Western Han Dynasties. Four thousand years of history has left the city with a wealth of culture and historical sites. The three most famous relics of the Han Dynasty are the mausoleum, stone sculptures, and the terracotta warriors and horses. Yun long Lake in the city center is the most beautiful scenic area of Xuzhou.

2. Shanghai, a city of history, is a tourist attraction as well as China's largest commercial and financial center. From the old Western buildings on the Bund to shikumen-style old houses and modern skyscrapers in Pudong, tradition and modernity co-exist, forming the city's rich cultural tapestry and urban landscape.

3. Angkor Wat, located in northwestern Cambodia, was inscribed on the UNESCO World Heritage List in 1992. The kings of the Angkor Kingdom built their own temples, featuring a quincunx of towers. Most of the temples are dedicated to the Hindu god Shiva and the guardian god Vishnu, while the

surrounding small towers are largely stupas holding relics of monks or their ancestors.

4. China Airlines (CAL) will have a new fleet of B777-300ER aircraft from September 2014. The new aircraft will be equipped with advanced in-flight entertainment systems that can be used to do lots of entertaining activities, as well as shop for duty-free products. In-flight wi-fi will also be available to add more fun to flying. Passengers with personal mobile phones, laptops, or tablets can check their e-mail and social network, and access the weather and tourism information for free.

5. Smoking is prohibited on all China Airlines flight. Passengers who refuse to cooperate with this regulation may be reported to the Police Agency who will deal with the case according to the Law of Tobacco Hazard Control of the Republic of China. All toilets are equipped with smoke detectors. Smoking in the toilets or attempting to tamper with the detectors can result in a fine between NT$10,000 to NT$50,000.

瑞秋的小叮嚀

想考華航或長榮的同學，可以透過長榮、華航的機上雜誌來提早準備，唸過一遍至少會有印象，不會的還可以先查查字典！

長榮航空官網
機上雜誌

中華航空官網
機上雜誌

提高錄取率的面試技巧

## 第 10 種：視頻面試

視頻面試（Video test）是這一兩年新加坡航空、泰國微笑航空、阿聯酋航空以及大陸公務機（私人專機）曾出現過的第一關面試。以新加坡航空為例，從2016 年底開始，第一關的應考方式已改為 VIDEO TEST。新加坡航空公司要求考生上指定網站，電腦會讓考生先做三題練習題，練習一下自己的回答，接著再正式開始出題，請注意，題目不會比練習題難。

電腦螢幕的左邊會出現題目，右邊則是要考生看鏡頭，並錄下自己的回答，因此考生們必須要穿面試服儀來錄這些視頻，並以正式面試的心態來面對此面試。這些過程要在 15 分鐘內完成，錄好回答後還會要求寫小作文，完成後即

視頻一開始會讓考生測試電腦的攝影機和麥克風。

左邊是問題區，右邊是錄影區。

可送出，坐等審核之後的面試通知。

除了新航，大陸的私人公務機公司也時興「視頻面試」。曾經有兩家公務機公司委託瑞秋空姐教室，來招募台灣區的空服員到大陸工作，也因為雇主遠在大陸地區，所以第一及第二階段都是以視頻面試進行。這種方式跟新加坡航空的預錄型 VIDEO TEST 不一樣，因為大陸雇主是直接以視訊方式進行一對一的問答，因此只要在網速正常的情形下，與真人面試是大同小異的。

視頻面試對於非台灣地區的航空公司來說，能大大節省場租及機票住宿的費用，同時也減少了往返兩地的交通時間，因此廣受許多外商公司的歡迎，也算是一種新興的面試方式。

以上這十種面試是目前比較常見的面試類型，考生可以從各別的類型中，擬定適合的作戰技巧。

提高錄取率的面試技巧

— 瑞秋的小叮嚀 —

不少同學曾跟我說，以前只看網路部落客的分享，就自己跟著準備，「裸考」很多次，考了很多次都沒考上，很浪費時間。網路上的資訊很多但也很雜亂，而每個人的狀況又不太一樣，所以一定要依自身狀況適時調整，也可以跟著瑞秋老師的步伐，一步步了解面試的技巧和細節，遇到考官臨時變換題目，也不至於慌張而亂了方針。

# 面試的必備物品

- [ ] 身份證件或居留證
- [ ] 畢業證書
- [ ] 歷年成績單（請學校蓋鋼印或官方章）
- [ ] 有效的多益成績單（若有證書，則可更正式）
- [ ] 其他外語的成績單（附上檢定證書）
- [ ] 面試通知單
- [ ] 航空公司要求的初試履歷表（印出來填寫後帶去）
- [ ] 大頭照
- [ ] 全身照（若有要求）
- [ ] 簡單的食物（如果考試時間是一整天，記得帶吐司、水，以免臨時找不到吃的）
- [ ] 平底娃娃鞋（容易腳酸的人，可以帶著）
- [ ] 各項影本

─ 瑞秋的小叮嚀 ─

收到面試通知後，請記得再三檢查要帶的文件，曾有同學忘記畢業證書、多益成績單，或者帶了與填上去的成績不一樣的成績單，被拒於門外。所以，出門前再三檢查是必要的喔！

# 體檢前的準備重點

終於來到最後一關囉！被通知要體檢的同學，應該很開心就要準備進入受訓了，不過，很多人不知道航空公司的體檢和一般上班族做的體檢有什麼不同。不論空服還是地勤的體檢，檢測項目都是相同的，不會因為是空服員就比較多項，地勤人員就比較少。

不過，在某些項目上，地勤人員的過關標準確實比空服員寬鬆一些，舉例來說：大部分航空公司規定空服員不能戴眼鏡飛行，所以空服員必須要學會戴隱形眼鏡。其他的過關標準，則依照不同的航空公司規定而有些許的差異。

瑞秋老師以往在上課時，都會再三提醒大家要先去做體檢（大約是2000~3000元左右的體健），先了解自己的身體狀況是否OK，以便即早治療，這樣在正式體檢時，也才不會一直忐忑不安或發生晴天霹靂的憾事。

年輕人常認為自己沒感覺到不適或病痛，就認為自己的健康狀況應該很好，但是，航空公司體檢項目繁多且仔細，常有同學體檢後才發現自己紅字一堆！當你在最後一關體檢才被檢查出來有問題，以後也許再也無法報考那一家航空公司了。曾有好幾位同學在正式體檢時，才發現自己有問題，但因為醫檢機構已經直接把報告送回航空公司了，所以就沒有任何方法可以補救，非常可惜。

提高錄取率的面試技巧

― 瑞秋的小叮嚀 ―

以瑞秋老師的經驗來看，建議最少應該在一個月前先自行體檢，萬一有問題，也可以及時在正式體檢前把身體調整好，體檢才能順利過關！

# 體檢項目

一般航空公司需要的體檢項目：

| 應試人員一般體格檢查項目 | |
|---|---|
| 檢查項目 | 檢查內容 |
| 一般物理檢查<br>Physical Exam | 1. 身高　　　　　　8. 身體各系統或部位之理學檢查<br>2. 體重　　　　　　9. 多音頻聽力<br>3. 腰圍　　　　　　10. 醫師問診<br>4. 視力　　　　　　11. 作業經歷、既往病史、生活習<br>5. 辨色力　　　　　　　慣及自覺症狀之調查<br>6. 血壓<br>7. 脈搏 |
| 尿液常規檢查<br>Urine Routine | 1. 顏色 Color　　　　9. 潛血 OB<br>2. 透明度 Transparency　10. 尿糖 Sugar<br>3. 比重 Specific Gravity　11. 酮體 Keton<br>4. 酸鹼度 PH　　　　12. 尿膽素原 Urobilinogen<br>5. 尿液白血球 WBC　13. 尿膽紅素 Bilirubin<br>6. 尿液紅血球 RBC　14. 上皮細胞 Epith Cell<br>7. 亞硝酸鹽 Nitrite　15. 圓柱體 Cast<br>8. 尿蛋白 Albumin　16. 細菌 Bacteria |
| X 光檢查<br>X-ray Exam | 1. 胸部 X 光 - 正面 Chest X-ray,PA view<br>2. 腰薦椎 X 光 L-Spine Lateral View |
| 心電圖檢查<br>Electrocardiogram | Chest X-ray,PA view |

| 應試人員一般體格檢查項目 | |
|---|---|
| 檢查項目 | 檢查內容 |
| 血液常規檢查<br>Blood Routine | 1. 白血球 WBC<br>2. 血色素 Hb<br>3. 紅血球 RBC<br>4. 血球容積 HCT<br>5. 平均紅血球容積 MCV<br>6. 平均紅血球血紅素量 MCH<br>7. 平均紅血球血紅素濃度 MCHC<br>8. 血小板 PLT |
| 血液生化檢查<br>Blood<br>Biochemistry | 1. 血清天門冬胺酸轉胺酶 AST<br>2. 血清丙胺酸轉胺酶 ALT<br>3. 總膽固醇 CHOL<br>4. 三酸甘油脂 TG<br>5. 肌酸酐 Cr<br>6. 飯前血糖 AC Sugar<br>7. 血中尿素氮 BUN<br>8. 尿酸 UA<br>9. 總膽紅素 T-bil<br>10. 總蛋白 TP |
| 血清免疫學檢查<br>Serology &<br>Immunology | 1. B 型肝炎表面抗原 HBsAg<br>2. B 型肝炎表面抗體 Anti-HBs<br>3. 梅毒 VDRL |

## 其他體檢問題

1. 如果我有 B 肝帶原，可以報考航空業嗎？

目前已知華航可以接受 B 肝帶原。


2. 如果我有脊椎側彎，怎麼辦？可以去看中醫做整骨嗎？

考生若有脊椎側彎，可以透過西醫健保給付的復健科做「牽引治療」。雖然醫生都說無法復原，但還是可以在短時間內矯正；中醫整骨有風險，請自行評估。


3. 我有地中海貧血，該怎麼處理？

若考生有地中海貧血，可以請醫生開鐵劑加強。


4. 體檢報告顯示我的膽固醇過高，怎麼辦？

如果你的膽固醇過高，建議先提早調整飲食，這樣在做正式的職前體檢時，就沒問題了！曾有同學在提前體檢時發現，並留足夠的治療時間，後來也安全過關。


─ 瑞秋的小叮嚀 ─

即將要考航空公司的同學們，請一定要「提前體檢」，了解自己健康狀況的重要性！因為提早檢查才能提早治療，才不會在最後關頭失去最重要的門票。

# 面試題型範例

同學們在面試時常答非所問、講太久，亦或是不知如何結尾，導致面試屢屢失敗。考官問問題往往背後還有其他的涵義，不只是字面上的意思而已。所以，瑞秋老師常常會詢問同學的背景，並聊聊大家對事情的想法，從中了解同學的個性，再來幫助大家寫回答。

為了幫助同學了解面試會考哪些題目，瑞秋老師從「中英文回答家教班的 137 題」教材中，抓出常見的面試考古題，讓讀者參考中英文的回答該往哪些方向設計：

請問您有沒有什麼小時候開始就有的缺點呢？

答：我認為我最大的缺點是有時會太嚴苛地要求自己，期望能把事情做到一百二十分，因此有時候會太容易緊張。然而，我認為這不但說明了我是能夠百分之百的對自己負責任之外，也能尊重任何身旁的人事物。謝謝。

I think my biggest weakness is that sometimes I'm too hard on myself, and I will feel nervous if I can't reach the goals that I have set. However, I believe this also shows that I am not only responsible for myself and for any duties upon me, but I can also respect everyone and everything around me. Thank you.

## 請談談您和同事之間的關係

答：我的同事常常形容我熱心助人，只要看到同事需要幫助，我都會立刻上前幫忙分擔。在飯店櫃台實習時，需要同時處理多項事務，若是一個人負責辦理可能會讓顧客等候較長的時間，但我們櫃台同仁都會互相幫忙，彼此分擔作業。甚至有時超過下班時間我也願意主動留下來幫忙晚班同仁處理事務，因此同事都相當喜歡與我一起工作，也說因為我的熱心幫忙讓工作輕鬆許多。

My coworkers would say I am a very caring and helpful person. When I worked as a hotel desk clerk, the work wasn't always spread evenly among us. But I would always try my best to help coworkers if they had too much work, sometimes even staying late to ensure that 6 the work was finished efficiently. My coworkers always loved working with me. I believe strong teamwork is very important in creating a great working environment.

## 您喜歡學習新的語言嗎？

答：是的，我願意學習不同的語言。語言是與不同文化接軌的重要關鍵，而空服的工作時常需要面對來自不同國家文化的乘客，若能夠用他國語言與他國乘客溝通，必能讓乘客在萬呎高空中備受尊敬，賓至如歸。因此我非常願意學習不同國家的語言，以幫助服務各國旅客。謝謝。

Certainly, I am willing to learn a foreign language. I believe languages help us understand different cultures. And as a flight attendant, I believe language is very important in providing great service and respect to passengers from different cultures. This is why I am very excited to learn new languages. Thank you.

### 能不能跟我們分享您在工作上曾遇到的困難？

答：在飯店實習的時候，我們曾經遇到一位女客人喝醉酒到一樓大廳的廁所內，過了半個小時遲遲沒有出來，於是我立刻上前查看，發現女顧客把衣服脫光躺在廁所地上，我與同事立刻通知主管並且叫救護車，我負責照顧客人並且陪同她到醫院。從這件事情中我學習到必須在緊急狀況下冷靜的處理各個問題。

When I worked at a hotel as an intern, there was one time I had to deal with a very drunk guest. After she went to the lobby restroom, she didn't come out for quite some time. When I went in to understand the situation, I found her completely naked on the floor. I immediately notified my supervisor, and called an ambulance. Furthermore, I accompanied her to the hospital. From this experience, I have learned how to handle stressful situations in a calm manner.

### 請問您人生中最自豪的一件事？

答：在大學四年當中，由於喜愛服務，我加入了志工服務社，時常在不同的社福機構擔任志工。最讓我印象深刻的是，我在養老院服務時和一位老太太漸漸變成為朋友，我只要有空時都會帶她喜歡的甜食餅乾去看她陪她聊天，推著輪椅帶她去公園散步，有時還會打電話關心她的狀況。她因為沒有結婚也沒有小孩，而年紀逐漸增長親友也越來越少，我感謝有這樣的機會能夠幫助她。一年後，當我突然得知她過世的消息時，養老院的工作人員說她留了一句話給我才走，她說：謝謝我，成為她的支柱！我感到很自豪的是，我發現原來我有那麼大的力量可以幫助到別人，因此我希望能夠成為一名空服員，擴大自己的視野認識世界上更多的人，幫助更多的人，謝謝。

During my four years in university, I joined many volunteer organizations because of my love for providing service. I especially remember when I volunteered at a retirement home. I became very good friends with an elderly woman. Whenever I had time, I would always accompany her. I would take her to the park, or call her just to make sure she was ok. A year later, I was very sad when she passed away. But one of the workers told me that her last words were to thank me for being her true friend. I was so touched by her words. I realized my greatest strength and passion is helping others, and I wish to do the same as a flight attendant. Thank you.

## 請問您的主修和我們這行有相關嗎？

答：好的，考官，謝謝您的提問。首先，或許很多人認為人文學科和服務業毫無關係，但我卻認為我因此可以以不同的觀點來解決服務工作上的問題。透過閱讀文學，使我更了解人的思考及行為模式而讓我活躍於人際社交適應不同環境。畢竟，服務工作和文學的本質皆來自於人。第二，經過學校四年的訓練，也讓我學會分析文學作品，進行研究調查，歸納結論，無形中使我較能冷靜且耐心面對生活周遭的各種狀況，對於解決問題的能力提升不少。我相信我的危機處理應變能力和洞察人性的觀察力和適應力可以幫助我在華航成為一位優秀的空服員。謝謝。

Thank you for that question. Even though many people would assume that my major has nothing to do with the aviation service industry, I still earned about people's ways of thoughts and actions, which allows me to easily adapt to different situations through strong interpersonal communication. In addition, through these four years of education, I have had a deeper understanding of Taiwan's unique culture, history, and customs. Not only can I introduce Taiwan's beauty to passengers, but I can represent Taiwan's true spirit as a China airlines flight attendant. Thank you.

## 請問您大學時曾參加過什麼社團？

答：我在大學時參加了游泳隊。我們每天放學後要練習，若是在比賽前連周末也要到學校一同練習，暑假期間大家也是要每天練習。其實這樣的練習並不輕鬆，尤其是第一年，有好幾次都很想放棄，但我很高興最後沒有放棄。游泳讓我學習到鍛鍊和堅持的重要性，以及督促自己努力後的成就感。

During university, I joined the swimming team. We practiced every day after school, even on the weekends when it came close to competitions. We have to practice every day during summer vacation. It wasn't an easy task, especially during the first year, and there were times when I thought about quitting, but I'm glad I didn't. Swimming taught me the importance of discipline and tenacity, and I gained a new sense of accomplishment.

## 請說說除了家人以外，對您最重要的朋友

答：我幾年前交到一位非常好的朋友。我們都是流浪動物之家的志工。當我第一次見到她時，我深深被她的美麗和善良所吸引。我們常一起參加慈善活動，也喜歡在週末騎腳踏車或健行。當我遇到挫折時，她總是第一個安慰我給我支持的人。我非常感謝生命中認識了她。

I met my best friend a few years ago. Both of us were volunteers at astray animals association. I still very first time I saw her, I was afraid of falling for her because of her beauty and kind-heart. We usually join the charity activities together and we also like to go out biking through mountains together on the weekends. When I was facing hard times, she would always be the first one to give me a hand. I am grateful to have her in my life.

### 請問您在目前的工作中有沒有發生令您印象深刻的事情？

答：曾經有位客人訂的餐因為超過 30 分鐘沒有來而到櫃台問我們是不是漏了他的餐而大發脾氣。我馬上跟這位先生確認他點的餐點內容，並回覆他我們會立即為他準備。他說不用了，他的午餐時間快過了，根本沒時間吃。我很誠懇的跟他道歉，並拿了一份已做好的三明治和飲料裝在外帶袋裡給他要請他吃，並且為我們的疏失道歉。那位客人離開了。在他下班後居然帶了他的同事來我們店裡用晚餐，當我們的面跟他同事說這家店的服務態度很好，介紹他們來。這樣的舉動讓我很驚喜，也很感動。這是我在上份工作印象最深刻的事情。

There was once an angry customer that approached me because the meal he had ordered wasn't ready yet. Furthermore, he had already been waiting for 30 minutes, and he didn't have time to eat anymore. I apologized sincerely for the situation. I also grabbed a sandwich that had already been prepared, and a beverage for him to take out. To my surprise, that customer came back with his coworkers for dinner. He also praised me for my great service attitude. This has been the most memorable experience for me.

### 為什麼您要考空服員呢？

答：從小我的家庭每年都會出國旅遊一次，在每次搭乘飛機的過程中，空服員美麗親切的服務讓我深深著迷。但在我漸漸長大之後，我發現成為一名空服員不只有美麗的外表，還需要親切服務的態度以及專業能力。因此我選擇到飯店櫃台實習，學習人際應對，增進自己各方面的條件就是為了有一天能夢想成真成為空服員。

Since I was a child, my family and I would go travelling once a year, which gave me the opportunity to be inspired by the beautiful and elegant flight attendants. As I matured over time, I realized that being a flight attendant is not just about beauty, but a true spirit for service. Therefore, I started working as a receptionist at a hotel, to gain the service experience I needed. I have also pushed myself in areas that would better prepare me to fulfill my dream of becoming a flight attendant.

### 除了薪水和制服外，什麼是最吸引您的呢？

答：華航不但是台灣航空業首屈一指的公司，也是台灣的驕傲，在國際間獲獎無數，還曾被評選為全球最佳服務品質航空之一。除此之外，身為一個成功的企業，華航對於愛護地球環保的理念推行也是不落人後，還曾獲低碳環保航空獎，讓我十分欽佩的。最後，華航十分積極熱心地投入海內外的社會公益活動，不但到處散播愛與關懷更是延伸台灣在全球的正面形象。身為一位台灣人，我崇拜華航並感謝華航為台灣努力付出這麼多，我衷心期盼能夠成為華航的一份子，以更主動積極的態度繼續為社會奉獻，一起為世界散播更多的愛與關懷而努力。謝謝。

China Airlines is not only the leading airline in Taiwan, but also Taiwan's honor, which continues to help establish a positive image of Taiwan. As a successful business, China Airlines is very enthusiastic about joining many charitable activities, not only in Taiwan, but also in other countries, which makes me admire the company a lot. Other than that, I know your efforts of promoting eco-friendly activities are inspiring to all. I respect China Airlines for its dedication to our country, and I sincerely hope to work for such a reputable and proactive airline. Thank you.

**您曾去過澳洲，可以跟我們分享一下澳洲文化與台灣文化不同之處嗎？**

答：好的。最讓我感到印象深刻的文化差異是，若在澳洲外食通常只有那些高檔的餐廳，不像是台灣路邊有許多便宜的便當店或自助餐店可以很方便的外食。因此待在澳洲這段期間，我從不會煮飯作菜，自己去書局買食譜，到學會每天去超市買菜，自己洗手作羹湯。現在回台灣，我已經可以隨便變出七十二道料理，幾乎每天都當家人的阿基師。謝謝。

One of the greatest cultural differences between Taiwan and Australia would be eating out. In Australia, the streets were usually filled with expensive high-end restaurants, unlike Taiwan, which has several options regarding pricing and quality of restaurants, even on the populated and bustling streets. That is why I had to learn how to cook in Australia. Not only was I able to learn new skills of cooking, I was also able to develop my independence through researching and finding the ingredients on my own. I now know how to make 72 dishes, and I am able to cook for my family every day! Thank you.

# 在千人中脫穎而出的小祕訣

瑞秋老師在航空公司工作過十二年，在「瑞秋空姐教室」也讓至少三千人以上錄取，這一切不是憑著盲目的鼓勵，而是從了解一個人的個性開始，再由個性上的優缺點去分析每個人不同的戰略，來提高錄取率。從不同的戰略中，同學再透過設計過的方法，熟練要改進的地方，克服問題，才能成功在短時間內進入航空業。

## 儀態的訓練

航空公司相當重視一個人的門面打理，所以如果你有痘疤問題，那就要從皮膚保養、醫美以及化妝技巧等方面去努力；如果是體態不夠勻稱，看起來太瘦或沒力氣，那就要加強運動次數、控制飲食，讓自己穿進制服後看起來美美的。

如果還不習慣合宜的餐飲禮儀、儀態，那就得努力改善、學習，並且要留意坐姿、站姿與走路的儀態，建議考生每天貼著牆壁矯正站姿，改正經年累月的不良姿勢。很多女孩子不習慣穿高跟鞋，但空服員的工作就是要穿有跟的鞋子服務旅客，所以盡量每天撥出 30 分鐘，在家裡穿高跟鞋走路，習慣這個感覺，讓自己穿上制服走在機場能閃閃發光。穿高跟鞋走路，也是一門學問喔！

## 練習微笑

每天要看鏡子，練習自己最好看的笑容。怎樣的笑是讓人有「真心感」的？怎樣的眼神讓考官覺得看起來舒服、不顯尷尬？掌握這些小細節，才能讓你得到良好的第一印象。

## 外語的加強

如果英文不熟練，則建議每天用英文寫日記。瑞秋老師以前學德文時，為了不讓父母偷看我的日記內容，還刻意用德文寫下每天遇到的人、做的事，意外地也讓自己的德文會話能力大增。面試不是只考很難的問題，也會考意外簡單的「閒話家常」，這時腦筋轉不過來的話，就會顯得自己的語文能力很差。用英文寫日記還有個好處，除了不會的單字可以查字典外，還可以訓練自己對日常生活雜事的表達能力。

## 講話方式的技巧

面試不是只看外表，不過若外表打理得宜，比較可以進入下一關和考官談話！在短短 10 分鐘的面試中，講話時「口齒要清楚」，考官才容易聽懂你想表達的內容。所以，講話時要「有意識」地要求自己發音清楚，長久下來，講話就不會有黏在一起的感覺了。

如果想熟悉自己準備的答案，上班又不方便看書，那麼可以錄在手機裡，多聽幾次，也是一個能幫助自己熟悉內容的好方法。至於容易緊張、容易腦筋空白的同學，可以透過運動來舒緩，例如進場前動一動肩膀、轉轉手腕和脖子，按摩一下太陽穴等等，都是能幫助自律神經放鬆的方法，下次面試前，大家不妨試一試喔！

# Chapter 7

# 航空業常見問題

進入航空業的常見問題

瑞秋空姐專欄：如何在 15 秒內吸引考官的注意？

# 進入航空業的常見問題

## 資格與錄取率常見問題

### 航空公司通常每年何時招考？

答：通常航空公司在過年後就會開始陸續新的一年人力招募。所以應屆生的考試時間不是在畢業後，而是在畢業前很早就開始了！2月通常就開始招募，受訓時間則會在繳交畢業證書之後安排。

### 來不及參加上半年的招募了，下半年也會招考嗎？

答：航空公司通常是整理前一次的人力招募報到人數，以及明年度的航班需求後，才會確認是否開放下一次的招募。舉例來說，2014～2016年長榮航空每年都有至少三次到四次的招募，每次招募人數都在300～400人左右；但到了2017年，長榮航空只招了一次，所以不是固定下半年都有招募的。

### 如果我只有高中畢業，可以報考空服員嗎？

答：雖然有些航空公司接受只有高中畢業的考生，但還是建議取得大專、大學文憑再去考，比較不會被考官問太多問題。現在大學畢業的人占多數，每年的新聞也報導：愈來愈多的碩士，甚至博士來報考，所以在這麼多考生可以挑選的情形下，考官當然會擇優錄取學歷較高者。因此即使看到高中即可報考，還是不要輕易放棄學業，先努力取得大專、大學學位再說（各家航空公司學歷錄取紀錄，請參閱 Chapter 3）。

聽說年齡超過年紀 25 歲，就很難考上了？

答：請看以下錄取年齡分析：

| 航空公司 | 年齡 |
|---|---|
| 華航 | 內招：收到 44 歲<br>外招：30-37 歲也被錄取過 |
| 長榮 | 32 歲以上錄取機率低 |
| 新航 | 28 歲以上錄取機率低 |
| 國泰 | 沒有年齡限制 |
| 阿酋 | 不建議 38 歲以上報考 |
| 全日空 | 不建議 35 歲以上報考 |
| 日本航空 | 應屆有很大的優勢 |
| 大陸航空 | 不建議 37 歲以上報考 |
| 地勤人員（不限航空公司） | 無年齡限制 |

身高不到 160cm，可以考空服員嗎？

答：台灣的法規是不能在招募公告上限制身高、體重、外形等條件，但面試有個「摸高」測驗，只要能摸到該公司畫的高度就可以過關（詳細身高錄取紀錄，請參閱 Chapter 3）。

在台灣的僑生是否也能考國內的航空公司？

答：台灣的航空公司報考資格：必須要有中華民國的身份證或居留證。如果都沒有，則可以報考外商航空公司。根據以往的經驗，外商在台灣招募也不限於一定要有中華民國國籍，因此許多外國人也會跑來台灣考，像國泰航空、卡達、阿聯酋，都是可以報考的航空公司。詳細的資格標準，請參考招募時的公告。

我的聽力受損，戴了助聽器，可以考空服員或地勤嗎？

答：空服或地勤的體檢都需做詳細的聽力測驗，尤其空服是在吵雜的機艙內工作，所以聽力要求嚴格。地勤目前無聽說哪間國內航空公司錄取戴助聽器的個案，不過你還是可以投履歷試試看，盡力表現，爭取夢想實現。

### 已婚去考空服員會不會被擋呢？

答：有許多人都是已婚身份錄取華航、長榮，所以不用擔心自己已婚或是有小孩就不會被錄取。最重要的是「個人特質」是否開朗、討喜，有服務業的工作經驗也很有幫助喔。

### 護理師考空服員，會加分嗎？

答：旅客在機上萬一發生狀況時，護理師的救護能力能提供很大的協助。然而，這並不是絕對會錄取的加分因素！最重要的還是要看考生的外型、對應能力及語言程度，考官也可能會覺得：護理人員都鬧人力荒了，為什麼還跑掉？這時考生的對應和態度就很重要了。如果你的英文能力也不差，就更有機會錄取，不過不是護理師就一定會考上，其他的條件和自身的努力也是必要的。

## 健康與外觀常見問題

### 如果開過刀，如心臟手術，可以報考嗎？

答：2013 － 2014 年，我們有幾位開刀的學生考上龍頭航空公司，但他們的狀況是已復原並取得醫生證明，且通過了體檢。

### 牙齒不整齊，可以考空服員嗎？

答：有些人的個人特質很好，個性很開朗，戴著矯正器還是考上囉！不過，航空公司都會要求空服員在受訓前拆掉矯正器。結訓後可以繼續戴，細節請跟醫師確認。

### 一定要長的很美才會考上嗎？一定要很瘦嗎？

答：空服員只是一份職業，請不要太物化空服員或地勤。大部分被錄取的人，特質多是擁有「親切的笑容與友善的態度」（如果你坐飛機時沒遇過這樣的空服員，但她們起碼面試時做到了！）

體態如何加強？

以前可能會以模特兒的標準在挑選，但現在的空服員常常一人要當兩人用，勞動工作量大，所以傾向選擇「健康」的考生，只要體態勻稱就好了。千萬不要過度減肥，太瘦可是沒力氣工作的。據我們所知，長榮航空反而喜歡看起來體格比較耐操的女生呢！

若想雕塑身材可以少吃澱粉，搭配規律的運動。面試時，可以在應考服裡穿束腹修飾腰身，應考襯衫和裙子則要調整出好的身材比例，另外也要調整站姿，建議看全身鏡調整身形。我們有好幾位同學都是努力瘦身，讓自己看起來更亮眼後順利錄取空服員的。他們可以，你一定也可以辦到。

## 身體有疤是否就無法考空服員或地勤？

答：首先，要看這個傷疤是否會影響你的身體機能，或傷害到身體上的運動機能。如果不會，那你就有機會了。有些同學透過化妝及美容雷射淡化疤痕後，安全上壘；但若你是傷到臉部，真的就無法保證可以過關。不過，這部分還是要看每家航空公司考官的判定，有些航空公司很介意，例如卡達、新航、阿聯酋航空等。

2014 年，有個同學身上有燙傷的痕跡，身體檢查時被體檢人員註記，但最後仍安全受訓（該公司平時對有疤的人很排斥），所以不是都不可以。

## 請問臉上很多痣會過關嗎？

答：許多同學用了蓋斑的遮瑕膏後，就完全沒問題了。某航空公司的廣告代言人（也是我們同學），臉上就有十多顆痣，還當了航空公司的代言人呢！也有位同學鼻子上長了一棵痣，不過仍不影響她順利錄取華航空服員。保持甜美的笑容與和善的個性，才是幫助自己錄取的真理。

## 若有 B 型肝炎，還能考空服員或地勤嗎？

答：目前航空公司可以接受 B 型肝炎，但條件是驗出來時 B 肝不能是發炎的狀態，所以肝指數很重要（其他體檢問題，請參閱 Chapter 6）。

膝蓋今年七月剛開刀，還能有空姐夢嗎？體檢可以過嗎？

答：這就要看航空公司的認定了。曾有位同學動過心臟手術，第一次錄取時體檢沒有過，但第二次卻錄取了，還是同一家航空公司。自己的夢想要自己去努力實現，努力不一定就有回報，但不試就一定不會成功！失敗不是我們的專利，請努力的爭取自己的目標，人生才不會遺憾，加油。

身高 170 公分，是不是穿低跟鞋比較好？

答：不是這樣的，穿高跟鞋可以讓比例更漂亮。華航的走秀空姐平均身高都 168- 176 cm，曾有位同學在伊林當模特兒，穿了高跟鞋快 185 公分，也是考上了華航。還有其他身高 168-172 公分的同學也是穿高跟鞋錄取了華航。有人穿低跟鞋看起來很笨重，變成五五比例，所以讓自己的比例好看才是重點，而不是身高。

我身高 171 公分，體重 50 公斤，目前大二，非常嚮往空姐，可是本身脊椎側彎 30 幾度，挺胸的話不明顯外觀、不影響生活作息，請問會在體檢時被刷掉嗎？或我應該去做脊椎矯正手術嗎？另外，若近視度數 800 度左右，應該去做雷射手術嗎？

答：航空公司目前沒有關於脊椎的硬性規定。脊椎側彎大約 18 度以內都可以被接受。建議先到醫院的復健科做復健治療（醫生多半都說，不影響生活作息就不需要復健，或者說做了也沒用，但瑞秋老師做過，也證實復健是有用的），治療時間通常是一個月到三個月，但每個人的狀況不同。

近視：戴隱形眼鏡即可，如果願意先去做雷射，免去這個問題也很好。現在很多空服員因為長時間在乾燥的機內飛行，眼睛長期乾澀之下，戴不太上隱形眼鏡，最後都找時間去做雷射，省去戴隱形眼鏡的不適與麻煩。專業的部分還是要詢問醫生，因為不是每個人可以做雷射。

地勤可以戴眼鏡和矯正器嗎？

答：可以，地勤可以戴眼鏡上班，前陣子還看到同學戴著矯正器考上長榮地勤！地勤的限制沒有空服員嚴格，所以想進入航空業的同學有福了。

隆乳、隆鼻後可以考空服員嗎？

答：不用擔心，體檢不是在看這個。只要健康檢查的數值是正常的，也不影響飛行工作或日常生活就沒問題。體檢的胸腔 X 光是要檢查胸腔是否有異常；飛行時也沒有異常氣壓會導致乳房填充物爆掉，所以不用擔心。

我的姆趾外翻，曾經在考長榮時被註記，後來小體檢就沒過了，是不是考空服員不能有姆趾外翻？

答：目前只有長榮航空對姆趾外翻很在意，其他航空公司都未曾聽說有這方面狀況的同學被刷掉，但也有人狀況比較輕微，通過了長榮航空的體檢。所以要看個人的情形，並由該公司的醫師來判定。如果穿高跟鞋會痛，建議先透過醫師的指示，手術治療。

航空公司會不會不喜歡錄取膚色較深的空服員呢？

答：我們很多健康膚色的同學都錄取空服員了！只要妝容乾淨、笑容燦爛並且對應得體，一樣是有機會的。

因為額頭和髮線很高，所以從小到大都留厚厚的齊瀏海，最近把他留長旁分，但是髮質很細很軟，連髮型師都說很難做造型，請問您有什麼方法嗎？

答：瀏海不好整理可以找髮片來戴，或是把瀏海燙彎，上捲子再梳才不會扁扁的，看起來很呆。

請問體檢過了就算錄取嗎？

答：不體檢過後仍有不確定的因素可能「不錄取」，像是華航、長榮在體檢之後還有一關「綜合評估」，意指除了身體狀況，他們仍需將最後面試的成績一起評估後，才決定要不要錄取你。即使錄取後也不能大意，因為未受訓前甚至到受訓後（還未簽約）成為正式員工前，公司都可以隨時終止勞務關係。還有人曾被華航的 253 期備取了一年才召回！

## 準備期常見問題

### 我的英文能力不太好，要如何準備空服員與地勤考試？

答：英文不好可以每天固定聽 CD、看雜誌來學習，藉此增進自己的英文口說能力及聽力。多益只要考到 550~650 分就可以考了。

### 哪時候開始準備比較好？

答：一般建議抓 3 ～ 6 個月的準備期。如果還需要考多益，也不擅長面試技巧，或比較沒有工作經驗，那除了面試技巧外，還需要加強中英文回答，準備時間就要拉長。如果英文程度還不錯，可以抓 3 個月左右的準備期，只是這時候就必須火力全開，每天練習才行。

### 500 字自傳該怎麼寫？

答：履歷審核的時間很短，通常一封履歷被閱讀的時間只有 40 秒左右，所以很忌諱寫得很多、很雜的履歷，例如有人會把所有做過的工作，連只做過一兩個月的工作經驗都寫上去，這樣會顯得很沒有定性，反而是一種扣分。

履歷講求乾淨、清晰、易閱讀。很多人只是把自己前半生的經驗一股腦全丟在履歷上，連條列式都令人看得眼花撩亂，不知道重點在那，容易讓考官認為你是個沒有邏輯組織能力的人（履歷撰寫方式，詳見 Chapter 4）。

### 需要為了取得 CPR 證書，特別去學嗎？

答：即使學了 CPR，與其他同組的考生也不會有太大的差異，因為考官主要還是看個人是否適合航空服務業，而不是有多少技能。我們曾有幾位同學在考試時說自己因為想成為空服員而學習了 CPR，考官於是請她們用「英文」來說明急救的程序！換個角度想，如果會 CPR 就有加分，那護理系的同學不是應該全部被錄取？錄取後受訓後會有相關的

航空業常見問題

教學，因此不需要在面試時就會。面試的成功與否，看的還是面試技巧及應對進退。

我是外文系的學生，英文能力也在平均之上（高三時，多益已考過860分），在校另外選修第二外語（西班牙文），但目前學的不是很精通，想問第二外語在報考空服員時很重要嗎？

答：基本上，只要英文溝通無礙就夠了。第二外語有加分作用，但除非有到一定水準能開口對話，不然乾脆就不要講會比較好，以免被考倒而出糗。

韓語或日文需要到什麼程度，才算是一種加分呢？

答：現在的招考標準是韓語 4 ～ 5 級；日文 N2 ～ N1。華航 2016 年招募的韓語組組員標準是韓語五級；日語組的組員則需要日文 N1 的程度，招募時皆須檢附語文檢定證書，所以有興趣提昇自己競爭力的人，可以在大學時拼一下語文檢定證書。學生時期唸書的效率會比上班時期好，學校還有語文中心的資源可以運用，所以要好好把握。

我目前是高中生，請問大學要選什麼科系，對未來進入航空業才有幫助呢？

答：以航空業來說，不論空服還是地勤都非常重視外語，所以不管你選擇哪個科系，都要保持固定學習英文的習慣，如果行有餘力再加學第二外語，例如韓語或日語，替自己加分。

我是大三的學生，當空姐是我的夢想，我英文能力也不算太差，現在正努力準備多益考試。想問如果還沒拿到畢業證書，可以參加空服招考嗎？

答：國泰、卡達、阿聯酋、台灣虎航都可以用高中學歷去面試，如果想增加面試經驗可以去投履歷，有收到面試通知就去試試看。如果是其他台灣的航空公司，都有大專／大學畢業的資格限制，那就不能去參加招考了。

我大學一、二年級的時候有幾個科目被當，考官在檢視履歷的時候，會不會就把我刷下來了？

答：同學你想太多了！只要拿到大專或大學畢業証書，就可以投履歷試看看，目前只有長榮、立榮和新航在面試時會看歷年成績，其他航空公司比較重視工作經驗，所以還是努力投履歷，別擔心。

我是大二的學生，請問現在就可以去上空姐課了嗎？什麼時候開始上課比較好？

答：不要急喔！大二可以先努力進修英文，把多益成績考得愈高愈好，如果行有餘力，建議學個東方語，如韓文或日文，因為航空公司目前的趨勢是：會韓語或日文的「擇優錄取」，所以最好是在學期間先把時間拿來熟悉韓文或日文。大三的時候，可以來上美姿美儀的儀態面試技巧課，先學習儀態，再回去練習，慢慢矯正不良的習慣，才不會太匆促。

美姿美儀的儀態面試技巧課。

## 男生報考常見問題

◎ 我是男生，請問男生也能上瑞秋的課嗎？

答：男生可以來上課！我們也有不少男生錄取空少、地勤人員。通常我們會建議男生在退役前夕就可以開始來上課，等領到役畢證明後就能直接去面試。建議男生參加中英文回答家教班的課，另外加報單堂的履歷課及儀態面試技巧課；如果有需要衝刺多益成績，可以另外選擇多益得分技巧一日課。這些課程幫助很多男生錄取喔。

◎ 如果我免役，但是是用精神疾病的方式辦免役，請問還可以考航空公司嗎？

答：航空公司在體檢這關會要求標明歷史疾病，如有精神疾病可能會被擋下來，但如果可檢附醫生證明文件，證明已治癒，可能會有機會過關。

## 個別航空公司常見問題

◎ 哪家航空公司比較好呢？

答：我們建議考生「先求有，再求好」。考空服員除了努力外，還要一點運氣，例如你旁邊的考生素質不是你能控制的。面試都是團體考，所以一定會被比較，因此希望考生都應先求努力考上，再來決定要去哪一家。已開放招考的航空都去試，等都考上了再來煩惱要去哪裡服務，或者是先考上再以空服員的身份跳槽。

中華航空

◎ 華航時薪地勤人員會有機會轉正職嗎？

答：時薪人員在兩年後會看表現升為正職人員，所以即使是時薪也沒有關

係，先考進去，藉此看看自己喜不喜歡地勤的工作。時薪地勤的福利比正職的福利少一半，例如華航正職第一年分配的機票點數是四點，那時薪地勤就是兩點。時薪地勤是四小時一個班，正職地勤是八小時一個班。

我在填寫華航履歷時，多益成績填了 550，可是已過時限，最近考了新的成績是 650 分，請問初試能帶新成績去面試嗎？

答：根據華航截至 2017 年的規定，繳交的成績單必須要和線上履歷填寫的成績一樣，所以應該會被擋下來。如果在招考時來不及拿到新考的多益成績，不妨去報考 Bulats 博思考試，雖然 Bulats 是英國系統，但它是電腦測驗，費用也比多益便宜，成績能當天考完就拿到，才不至於來不及報考。

我在這次華航招募中備取，上面註記「備取有效期限是 12/31」，可是我到現在都還沒有接到任何的通知電話，這樣是不是代表已經沒機會可以遞補上了呢？也想知道在華航下一次的招募前，若有缺額，是否會先從今年備取裡遞補？還是說真的已經沒希望了？

答：如果都沒有通知，可能已經人數遞補齊全了。建議你先去找工作，畢竟待業空窗期太長也不好。

長榮航空

**長榮航空是不是很重視操性成績？**

答：曾經有同學在面試時，被問到是否在校有不良的出勤記錄或遲到的習慣？考官應該是看到操性成績較低而詢問的，這時不要緊張，要誠實告知自己當時的狀況，後來又是如何反省改善的。考官會視面試表現誠懇程度，適時給予機會。

我要考長榮航空，但多益成績還沒拿到，請問可以補交嗎？

答：根據 2017 年之前的規定，長榮航空空服員招募可以在初試時免繳交多益成績，可等到時再補交，補交時限是 2 個月內。不過補交的時限每次招募都不一樣，盡早繳交，才能盡早排體檢。

我還沒拿到畢業證書，可以報考長榮航空嗎？

答：應屆生可以補交畢業證書，若通過複試，人資會打電話詢問你何時能拿到畢業證書，拿到後立即傳真至長榮航空人事單位，公司收到後就會開始通知體檢時間，所以應屆生可以報考長榮，沒問題。

長榮航空模擬機。

長榮招考我有進 final，但體檢完後被刷下來了，明年再參加長榮招考時，會不會於第一關資料初審就被刷下來了呢？

答：按以往長榮的慣例，非常有可能在履歷這關就被擋下來，但也有同學是體檢後沒過，隔一次再投就考上的例子，所以不是必然的。當然除了再接再厲繼續投履歷外，建議你也別家看看，不是長榮體檢沒過就會被其他航空公司否定。有不少人是沒考上長榮，但順利的進入華航，每家考官的審核點和審美觀都有些不同，千萬不要因此而放棄了。

聽說長榮航空學姐制很可怕？

答：不論台灣或日本的航空公司，都有前後輩的制度，只是明顯不明顯而已。有句話說「禮多人不怪」，如果一副自己很厲害的樣子，當然學姊也不想教。就瑞秋老師的長期觀察，因為長榮很嚴謹，所以反而能創造安全的飛安環境和服務的品質，也是訓練自己快速成長的好地方。很多同學進入長榮航空後，因為升遷快，就沒有再去考其他航空公司。現在長榮也有工會了，福利也會愈來愈好。不過，再好的公司也會有人嫌東嫌西，所以請記住：「沒有不好公司，只有適合自己的公司」。

長榮航空空服廚房模擬訓練。

如果拒絕了立榮的初試通知，會影響到我未來考長榮的路嗎？

答：目前所知：長榮航空與立榮航空為兩家分開的公司，不會互相影響。

日航、全日空

如果想考全日空，需要檢附多益成績嗎？

答：全日空招考有自己的多益測驗及英文筆試，在連續三天的考試中，其中半天會考日本送來的多益試卷（有聽力測驗），另外也需要寫作文。

報考全日空所需證件？

答：報名要帶：

1. 多益成績
2. 學歷証明
3. 二吋相片大頭照（兩張，護照規格）
4. 4x6 全身照
5. 英文履歷
6. 美麗大方服裝

全日空的招考是全英文流程嗎？不會日文能去考嗎？

答：有很多同學不知道從哪聽來的，都說不會日文，所以不打算考全日空！事實上，全日空在台灣招考的流程以全英文為主，會日語有加分，但全日空也會錄取一半不會日文的的人，（會台語也加分）所以別再以為不會日文不能考全日空囉！

這兩家公司招募的台籍組員均 base 在台北，只有受訓需要去東京兩～三個月，之後就回台灣 OJT，所以不用擔心要搬家。

答：這兩家公司招募的台籍組員均 base 在台北，只有受訓需要去東京兩～三個月，之後就回台灣 OJT，所以不用擔心要搬家。

### 請問日航和全日空，有什麼差異？

答：瑞秋老師根據自己的經驗，做了一個分析表如下：

|  | 日航（JAL） | 全日空（ANA） |
|---|---|---|
| 平均飛時 | 62 ～ 70 時 / 月 | 85 時 / 月 |
| 底薪 | NTD 26,120 | NTD 22,000 |
| 平均月薪 | 5 ～ 6 萬 | 7 ～ 7.5 萬左右 |
| 月休日數 | 8 ～ 10 天 | 8 ～ 12 天 |
| 年假日數 | 14 天起 | 18 天起 |
| 航點 | 東京 / 大阪 / 名古屋（偶有包機） | 東京 / 新加坡 / 雅加達 / 紐約 / 芝加哥 / 洛杉磯 / 舊金山 / 聖荷西 |
| 免費票 | 以點數計算可開的航點 | 國內線免費；國際線 1/10 |
| 工作環境 | 一班機約 1 ～ 2 名台籍員工在商務艙、經濟艙服務 | 一班機約 1 ～ 2 名台籍員工在商務艙、經濟艙服務 |
| 基地 | 台灣 | 台灣 |

### 如果我的膚色比較健康，是不是不容易考上全日空的空服員？

答：健康膚色的人也會被錄取！全日空錄取的姊姊大部分語文很不錯（多益成績高），相貌清秀，給人沒有距離感。可以參考 Rachel TV 錄取的姊姊們分享。

錄取的姊姊們分享

### 錄取全日空後，受訓期間有沒有薪水？

答：錄取者將前往日本受訓 90 天，公司將負責食宿及 5 萬元以上的生活費。

全日空考試的報導

### 外商考試需要附多益成績嗎？

答：外商航空公司如卡達、阿聯酋、國泰、新航、日航、全日空、廉航都有自己的英文筆試，因此在招募公告不會特別註明要附多益成績，若已有成績可以附上，沒有也沒關係，還是會以現場筆試考試的成績為準。

卡達航空 Open Day 會場

### 外商面試需要穿應考服嗎？

答：通常外商面試的招募公告會註明穿著服裝為 business attire，意指上班族的服裝，也有航空公司不限面試服裝，並且鼓勵個人特色的。例如全日空就註明複試可以綁馬尾，初試可以穿自己喜歡的正式洋裝；在卡達 2017 年的面試中，曾有同學穿紅色合身旗袍，也錄取了；新加坡航空在初試時可以穿展現個人身材的服裝，也沒規定一定要穿西裝。外商的特色就是活潑，所以大家可以多試幾套服裝，並且給家人朋友看看，再選出一套最適合的。

### 外商航空公司招募過地勤嗎？

答：外商航空有招過地勤，但據了解，除了國泰航空會定期招募時薪地勤外，其他的外商航空地勤業務大都外包給華航、長榮代理，真正隸屬於該公司的地勤通常只有一兩位。2017 年大韓航空招地勤，但名額只有一位，還是我們韓國僑生同學錄取的！由於地勤流動率不高，所以外商航空的地勤招募也很少。不想錯過的同學可以留意瑞秋空姐的粉絲團或人力銀行的網站。

**請問新航的福利？新航喜歡什麼樣的型呢？**

答：新航提供一年四張 10% 的機票回台灣、一張免費可用於全世界的機票，但父母、小孩、先生均沒有此福利，除非自己那一年的免費機票沒用，則可以給「無工作」的爸媽一張。組員另有 999 張 2.5 折機票；台籍組員飛行的薪資約 8 ～ 12 萬（台幣）。

至於新航都錄取什麼樣的人？以前考新航必須皮膚完美透亮，現在只要化妝能遮瑕到能讓考官說過關，就有機會被錄取。左圖中的女生是我們錄取新航的同學，由於新航制服是傳統 Cabaya 服飾，花色鮮艷，所以著重臉部彩妝和指甲油顏色。

**卡達航空是不是不接受男女交往？管理很嚴格？**

答：中東國家對於男女交往或肢體接觸比較嚴格。卡達的組員宿舍有門禁，進出要刷卡，也不可以帶異性回宿舍、飲酒必須在有酒精執照的地方⋯⋯卡達的組員幾千人，管理這麼多人，公司當然需要嚴格的規定，才不會出亂子。

# 報考心態調整常見問題

我去年大學畢業，現在也有穩定的工作。去年我報了長榮、華航和國泰，後來因為家人的反對，所以決定將這個夢拋到腦後，但只要一看到相關訊息，我就好羨慕考上的同學，難過的是家人的不支持。

答：家裡經濟能力越好，父母越不愛子女去當空服員，也不希望自己的孩子去做風險高、容易受氣的工作。其實父母讓子女去社會闖闖，才能讓孩子成長，在風雨中成長的花卉更不容易枯萎。如果你有理想，就去實行，不要成為人生未來的遺憾與後悔。等結婚生小孩後，也許就會被綁住，更沒機會實現人生的夢想了，

所以去努力吧，不管結果如何，人生至少不會有缺憾。

### 我會暈機，可是又想當空服員，請問有什麼方法可以解決？

答：瑞秋老師的同學就是這樣的情形，所以她每次飛行前都會先吃暈機藥，偶爾遇到亂流也容易嘔吐，但她很敬業，吐完再繼續工作！如果愛這份工作，當然也可以克服重重難關。

### 飛行是否容易造成不孕呢？

答：造成女性不孕的原因有很多，跟空服員的工作沒有直接關係，很多人還是結婚生了小孩呀，所以不要誤聽傳言。在任何地方工作都要注意安全，重視健康及保養，才能擁有良好的健康。

### 請問單親家庭會不會被考官討厭？

答：不要擔心！很多考官都會鼓勵家庭有困境的小孩。單親家庭或隔代教養的小孩比較貼心，有經濟上的負擔也會被視為不輕易離開公司的一個因素，只要面試表現很坦然、孝順、懂得照顧家人，反而還可以因此加分！

### 請問瑞秋老師，妳會推薦大家考空服還是地勤呢？

答：每個人適性不同，有的人坐不住，喜歡走動或常換工作場所，那考空服員很適合；有的人雖然也喜歡接觸人群，但對家人、男朋友的關係很依賴，或需要照顧家庭，那就較適合考地勤，因為可以每天回家。我們有不少同學飛個一兩年後，覺得這樣的工作型態不適合自己，可能有睡眠障礙、會認床、有時差困擾等，後來就轉考地勤，現在做得很開心。不過在了解自己真正的需求之前，建議大家有招募就先去考，進去了解工作的內容後，再來決定適不適合自己、是否需要轉換跑道等等。

### 有的航空公司需要考生檢附推薦函，請問推薦人要怎麼找？

## 其他問題

答：推薦人建議找學校的老師，或目前工作的主管（表示你跟主管的關係不錯）。如果不方便讓公司的人知道要轉職，找以前的主管或是熟識的長輩來推薦也可以。通常推薦函在外商公司比較常見，國內的航空公司目前都沒有這個需求。

**我是之後要準備受訓的新人，請問受訓後可以帶透明牙套嗎？還是完全都不能戴呢？因為覺得自己牙齒不夠好看，想要矯正。**

答：2013 年長榮有錄取載牙套的考生！但受訓時是不能戴矯正器的，上線飛行也會要求妳拿下來，除非妳有正當的理由跟公司申請。建議受訓完再載比較不會一直被關注。目前長榮航空在 2017 年已開放可以戴矯正器了。

**有些補教機構開設「空服員證照」的課程，考取此證照對未來考空服員或地勤在業界的認可度如何？我已經畢業兩年了，對自己目前不是很有自信，希望能盡速充實自己，準備空服員考試。**

答：基本上，我們在航空公司徵才時，沒有看過因持有此證照加分或錄取的。若曾擔任其他航空公司的空服員，因而有客艙服務的經驗，跳槽時才會有加分。考官在面試時，根本不需要也不會問證照，他們在乎的是你的背景及工作經驗、有沒有抗壓力、外型是否符合他們家要的氣質等等。航空公司要找的人是「適合當空服員」的人，訓練的部分則是每家不大一樣，即使先受過這種訓練，進去後還是要依每家航空公司不同的機型受訓，因每家內裝差異大，所以不鼓勵花大錢先去取得「空服員證照」執照。

# 如何在 15 秒內吸引考官的注意？

很多考生常常覺得很傷心，認為準備許久卻得不到應有的回報，請不要灰心，因為在幾千人的競爭者中，要擠進僅僅不到 3% 的錄取窄門，真的需要很好的條件與準備，才能在短短的進門 15 秒內得到考官的注意。

航空業就是個供過於求的產業，考官能從中選擇的考生多到有如過江之鯽，擇才的標準自然被提高，標準也更嚴苛了，所以如果你的備戰狀態準備不周全，很快就會在進門的 15 秒內被淘汰。

## 什麼叫周全的「備戰狀態」？

1. 提早 30 分到考場整理服裝儀容
2. 與考場姊姊保持良好互動與禮儀（注意：不要在考場吱吱喳喳聊開了）
3. 快速複習面試考題（不要答非所問）
4. 注意進門禮儀
5. 維持優雅的儀態
6. 全程保持優雅、開朗的笑容
7. 與考官相視，並點頭示意
8. 聲調注意甜美
9. 回答問題時，注意順暢
10. 留意退場的禮儀

以上這些細節看似繁複，其實都是連貫性的動作，所以平常就要練習準備，不然會看起來很不自然、不流暢。複試時，考官注重的不只是你回答的內容，也會從每個小環節中，慢慢幫你打分數，所以也可以知道：複試成績的分數是累積出來的。

如果這次失敗了，只把原因歸咎於「運氣不好」或「沒有考官緣」，那對自己的進步是一點也沒有幫助！失敗會難過很正常，但請不要花太久的時間在難過的情緒中，應該快點重新爬起來，重新整理自己，讓自己在下一次航空業招募時達到完美的狀態！

Put yourself together，重新省視自己的不足，加強自己各方面的不足，選定一個可讓你學習效仿的人（那個人愈強愈好），再把自己的能力提高，做好應戰的完整準備。

臨時抱佛腳，靠的是運氣，但是運氣不好不能當做失敗的藉口！其實很多空服老師都是一考再考才考上的，所以請不斷的努力、付出，因為夢想是需要靠毅力與勇氣才能實現的！努力後，也才能問心無愧，瑞秋老師也會陪著大家，一起加油！

# Chapter 8

# 考古題範本

中文面試考古題

英文面試考古題

# 中文面試考古題

自我介紹、家庭、學校、社團題

1. 請做 30 秒簡短英文自我介紹。

2. 請用第二外語自我介紹。

3. 說說你的優點。

4. 請問你的缺點。

5. 為什麼你覺得你自己合適當空服員？

6. 請問家人、男朋友 / 女朋友支持你做空服員嗎？

7. 請問你在大學是學什麼？

8. 你常常遲到或請假嗎？

9. 說說看你在學校的人際關係？

10. 你的主修跟空服員有什麼關係？

11. 你唸到碩士來做這行不覺得放棄所學很可惜嗎？

12. 家人或朋友曾經做了什麼事讓你印象深刻？

13. 社團中有發生什麼印象深刻的事？

14. 妳父母對你想成為空服員的這件事有什麼看法？

15. 你從父親或母親身上學到什麼？

16. 你們家是三代同堂嗎？

17. 請問你最喜歡的影視明星或偶像？為什麼？

18. 你對整形的看法？還有你對自己五官哪個部位最有自信，為什麼？

19. 你最喜歡自己的哪一部份？最不喜歡哪一部份？

20. 對你影響最深的人為什麼？

觀光旅遊、國外經驗題

21. 在國外打工有發生過什麼事嗎？

22. 如果你想去國外旅行？你想去哪裡？

23. 你說在國外認識了不同國家的朋友，請舉例他們的文化有什麼特色？

24. 你出過國嗎？哪個國家令你印象深刻？原因何在？

25. 請介紹你最喜歡的國家。

26. 如果有外國人來，請問你會介紹他們去台灣哪裡玩？

27. 你的家鄉在哪裡？可以介紹當地的美食或其他的東西？

28. 有沒有不喜歡的國家？為什麼？

29. 如果你有一百萬，你最想去哪個國家？

30. 如果進入複試的考生華航免費提供一張機票，妳想去哪裡？為什麼？

31. 請比較你曾去過的國家和台灣有什麼不一樣的文化？

32. 說說你在國外留學、遊學的經驗印象最深刻的事。

工作經驗題

33. 請問你的工作內容是？

34. 曾經跟同事發生過爭執嗎？為什麼？

35. 為什麼你年紀輕輕有這麼多工作經驗？

36. 你喜歡一個人獨立工作還是團隊合作？

37. 空服員的特質是什麼？

38. 空服員要做什麼工作？

39. 請說說你人生遇過最大的危機，以及你如何處理？

40. 當你遇到不公平的事情，之後你如何調整自己的心態？

41. 如果你跟上司的意見不合，你會怎麼做？

42. 如果你的同期比你早昇遷，你會怎麼想？

43. 為什麼覺得自己能勝任空服員的工作呢？

44. 不喜歡現在的工作嗎？為什麼要轉職呢？

45. 你在工作中學到什麼？

46. 同事們給你的評價是什麼？

47. 對你而言，什麼是成功，什麼是失敗？

考古題範本

48. 你人生中做過最困難的決定是什麼？

49. 什麼是好的服務？

50. 如果客人不滿意你的服務你怎麼辦？


## 喜好題

51. 你當上空服員後，會買名牌嗎？

52. 一年四季最喜歡哪一個季節？為什麼？

53. 請問你最喜歡的電視節目？

54. 說說看你所崇拜的偶像？

55. 你最喜歡什麼顏色？為什麼？

56. 你最近看過什麼電影？

57. 你最喜歡的一本書？

58. 如果要選一個明星當我們公司的代言人你會選誰？

59. 介紹你的星座。

60. 說說你的血型是什麼性格的人？

61. 如果要選一種水果代表自己會選什麼？

62. 如果要選一種動物代表自己是什麼？

63. 如果你可以成為一個品牌的代言人，你會選哪個品牌？

64. 你平常都吃什麼早餐？

## 關於報考理由及狀況題

65. 你有考過其他家航空公司嗎？那你會怎麼選擇？

66. 如果你錄取了，你能為我們做什麼？

67. 如果撇開薪水和制服不談，還有什麼是吸引你的地方？

68. 什麼你認為可以勝任這份地勤工作？

69. 為什麼想考我們公司而不是其他家？

70. 你以前有考過嗎？為什麼失敗？

71. 請問你對這次招募有什麼建議？

72. 很多人都說空服員只是端盤子的小妹，你的看法呢？

73. 如果進來我們公司，你打算做多久呢？

74. 如果我們沒有錄取你怎麼辦？

75. 今天早上幾點起床？是怎麼過來的面試的？

76. 早餐吃了什麼呢？是買的還是自己做的？

77. 如何準備這次的面試？

78. 如何加強英文？

79. 今天有什麼重要新聞呢？

80. 你對被稱為草莓族的看法？

81. 請問你對工會的看法？

82. 請問你對臉書的看法？

83. 請用英文講一個笑話。

84. 請隨意表演一段自己的才藝。

85. 請說一個冷笑話。

86. 如果我們錄取你，你的生涯規劃是打算做多久？

87. 如果飛機上有旅客沒訂素食卻跟你說他吃素，你會怎麼做？

88. 如果有小嬰孩哭鬧不停，你怎麼安撫？

89. 如果有人在洗手間裡昏倒了，你怎麼做？

90. 如果有旅客在飛機上吵架 / 打架，你怎麼辦？

91. 如果有一位旅客喝醉了在機上吵到其他旅客，你會做什麼處置？

92. 如果有旅客跟你要電話或 Line 你會給嗎？


台語題

93. 請用台語自我介紹。

94. 請用台語推薦自己。

95. 請用台語說說我們應該錄取哪一位考生？

96. 請用台語說一個笑話。

97. 你會說台語嗎？

98. 你家裡有哪些人？

99. 用台語念一段廣播詞。

# 英文面試考古題

1. Please introduce yourself in English for 30 sec. to one minute.

2. How do you handle your pressure?

3. Tell us your favorite movie star, song or book.

4. Tell us your favorite dish and recipe.

5. Describe your personality.

6. Do you consider yourself an independent person? Give us an example that shows your independence.

7. Tell us about your weakness. How do you improve it?

8. Tell us about your team work experience.

9. How was your major related to service industry?

10. Did you join any club in college? Any specific memory you have with your team member?

11. What's your most impressive memory in your college life?

12. Do you have any work experience? Which work you dislike most and why?

13. Tell us the most impressive thing in your last job or present job?

14. Example a difficulty you have faced in your job and tell us how

you overcame it.

15. What are your boss' opinions about you?

16. Do you consider yourself a successful person? Example.

17. If you were not accepted, what will you do?

18. How do you define good service?

19. What's the most important element of a perfect flight for passengers?

20. How did you come here today? What did you have for breakfast?

21. Do you have any suggestion about our recruitment?

22. How would you spend your first salary?

23. How much to you know about Eva air?

24. What is your impression of our country?

25. Have you ever been abroad? Tell us about it.

26. Tell us about your favorite country.

27. Where is your home town?

28. How do you get here today?

29. What did you had for breakfast?

30. What is your favorite color and why?

31. Tell us the biggest failure you have done and how did you solve it.

32. Tell us about your work. Do you like it?

33. Why did you quit your job?

34. How can your job experience related to aviation service industry?

35. How did you prepare for this interview?

36. How do you practice your English?

37. Tell us about your oversea or most impressive travel experience.

38. Which country you like the most and which country you dislike the most?

39. Since you can speak_____, use that language to introduce yourself.

40. Why do you want to be a flight attendant?

41. Why do you want to be a flight attendant of _____ airline?

42. Beside a good salary and uniform, what else is this job attracting you?

43. What are the characteristics that a flight attendant should require?

44. What is the most important job of flight attendant / ground staff?

45. What do you know about our company?

46. Some people say being a flight attendant is only a fashionable job or "high-class waitress." What is your opinion?

47. Why should we hire you? Why do you think you are suitable for this job?

48. Do your parents/boyfriend support you to be a flight attendant?

49. How long do you want to work for us?

50. What is your career plan?

51. Do you know that you will have to move to _____ if we hire you? What do you think?

52. Have you ever been abroad? How long?

53. Have you ever worked with people from other countries? Tell us about it.

54. Are you a follower or a team leader?

55. Tell us an experience of helping others.

# Chapter 9

# 招募流程

## 中華航空空服員招募流程

| | |
|---|---|
| 履歷 | 線上履歷與中英文自傳填寫／附大頭照（可露齒笑）<br>報考時只能在高雄場或桃園場中擇一報考。 |
| 初試 | • 資料審查<br>• 摸高―雙手摸高、腳不能離地，高度行李棚位置<br>• 儀態檢查―走 U 字形<br>• 有的考場有自我介紹 20 秒<br>• 英文短文朗讀<br>• 考官有時加問問題 |
| 複試 | • 資料審查／與人形立牌拍紀念照<br>• 電腦適職測驗 10 分鐘／ 120 題<br>• 中英文自我介紹 30 秒或考官提問<br>• 分組活動題／情境題／免稅品販賣／台語問答一題 |
| 體檢 | 因本次開始為空服地勤聯合招募，在通知錄取時會由公司分發空服或地勤。 |
| 受訓 | 簽約 3 年，地面 12 週與機上實習 3 趟 |

招募流程

# 長榮航空空服員招募流程

| 履歷 | 線上履歷與中英文自傳填寫/附大頭照、生活照 |
|------|------|
| 初試 | • 資料審查—需手寫長榮集團應徵表格及自傳<br>• 儀態檢查/英文短文朗讀/台語朗讀一句<br>• 現場直接公佈晉級者 |
| 小體檢 | • 量身高、體重、BMI 值（建議體重不要少於 43kg）<br>• 將手提行李放至衣櫃再取下<br>• 做指定動作（會確認是否有手汗及體味）<br>• 醫生問診 |
| 筆試 | • 心算 10 分鐘 5 題<br>• 適職測驗 30 分鐘—申論題 10 題 |
| 複試 | • 資料審查<br>• 分組進行中文、英文面試<br>• 中文面試—中文自我介紹 1 分鐘/考官提問<br>• 英文面試—抽圖片說故事/考官提問 |
| 體檢 | 全省指定醫院免費 |
| 備註 | 簽約 3 年，地面 12 週與機上實習 |

# 台中華信航空空服員招募流程

| 履歷 | 線上履歷與中英文自傳填寫 |
|------|---------------------------|
| 初試 | • 資料審查<br>• 拍團體照<br>• 儀態檢查／中英台廣播詞朗讀→不能先翻開看文章<br>•（2017）新增抬手提行李 7 公斤放行李棚 |
| 複試 | • 資料審查（會第三外語請交檢定成績）<br>• 填問卷（例，在台北受訓時需代為安排飯店嗎？）<br>• 儀態檢查<br>• 介紹桌上產品（2016）<br>• 自我介紹 30 秒或從自傳提問／2017 直接才藝表演 |
| 體檢 | 航醫中心自費 |
| 受訓 | 地面 5 週與機上實習 |
| 備註 | 簽約 3 年，與華航相同 |

# THAI Smile 泰國微笑航空台籍組員招募流程

| | |
|---|---|
| 履歷 | email 履歷至 cabincrew@recruitment@thaismileair.com |
| 資格 | • Female only<br>• Under age 25<br>• Single<br>• Minimum of high School degree in any fields<br>• With Toeic score over 600<br>• Resume both in English and Chinese（要有父母的名字和考生的出生地）<br>• 最高學歷的英文成績單／護照影本／2 吋白底證件照 |
| 初試 | • 資料審查（2 年內的多益成績）<br>• 至少 160cm。近視需戴隱形眼鏡<br>• 寄履歷後會回覆要上傳 VIDEO 的 30 秒英文自介 |
| 面試 | • 隔兩個月通知<br>• 從履歷中提問→自我介紹／為何要轉職<br>• 考上後若工作與想像中的有不同會如何調適／休閒活動／對本公司的了解<br>• 考官檢查手心手背手臂看有沒有疤痕或刺青<br>• 檢查儀態（正面／側面／背面／拉行李箱走路） |
| 體檢 | 航醫中心自費約台幣 4200 元。 體檢同時會辦工作簽證。收到結果需自行掃描回傳至人資。兩週後安排飛泰國受訓。 |
| 受訓 | 簽約 1 年。有房屋津貼 1 萬泰銖。 |

# 阿聯酋航空空服員招募流程

| | |
|---|---|
| 應徵方式 | ① Open day：可帶 resume 直接至現場面試<br>② Invitation only：需線上投履歷後等面試邀請 |
| 履歷格式 | • 全英文 Resume 附個人大頭照／全身照 |
| 第一關 | • 至會場繳交面試邀請書、resume、大頭照、全身照<br>• 填資料表（履歷編號、有無考過最後一關：註）<br>• 護照影本及畢業證書影本<br>• 考官收履歷時提 1 ~ 2 個英文問題<br>• 播放 EK 組員的訪問、薪資、杜拜生活影片<br>• 十分鐘後宣佈晉級者 |
| 第二關 | • 兩次小組討論<br>• 考官現場公佈晉級者 |
| 第三關 | • 脫鞋量身高、摸高 212cm（可單手、踮腳）<br>• 團體討論，考官依據回答提問甚至對戲（1 小時）<br>• 晉級者，考英文筆試（1 小時） 試卷前後不同份<br>• 晉級者，填正式的資料表，準備照片，回家做線上性向測驗 |
| 最後面試 | 1 小時考官提問（要有獨立性、國際觀、處理事情的能力） |
| 體檢 | 項目特別繁瑣 |
| 簽約 | 簽約 3 年，地面訓練與機上實習。 |
| 備註 | 上次有參加過最後一關要半年才可考 |

# 福州航空空服員招募流程
## 【2018 年底改為與廈航合招】

| 履歷 | 人力銀行線上履歷篩選 |
|---|---|
| 小體檢 | • 面試不能穿絲襪，淡妝，不能戴放大片和假睫毛<br>• 摸高約 215cm<br>• 一組 10 人，笑容／腿型／疤痕確認<br>→向後轉，雙腿併攏確認是否有 O 型腿，伸出手，保持笑容 3 分鐘（沒通過則被刷下） |
| 初試 | • 中文自我介紹 1 分鐘<br>→ 當晚信件通知 |
| 複試一 | • 5 人中文團體討論，個人發表感想<br>→考官持不同意見，請小組討論 2 分鐘如何說服考官，推代表結論<br>→考官會近距離觀察，→看發言者的態度是否友善、參與小組、聆聽說話、保持微笑 |
| 複試二 | • 3 位考官依履歷內容提問中文問題（學校科系，目前工作）<br>• 結束中文面試進行英文面試<br>→當晚信件通知第三天最後面試 |
| 複試三 | • 最後約 30 位進行面試，分 3 組<br>• 一組約進行 1 小時 30 分<br>→中文自我介紹，主考官提問（對於學科內容會問很清楚）<br>→英文自我介紹<br>→當場公佈晉級 |
| 最後面試 | →說服考官錄取你的理由<br>→當場公佈晉級 |
| 隔日體檢 | 受訓薪人民幣 6000；基地：福州；受訓完才簽約 |
| 受訓 | 航醫中心體檢（免費）<br>受訓薪人民幣 6000。基地福州。受訓完才簽約。 |

# 日本航空空服員招募流程

| | |
|---|---|
| 履歷 | 由日本仲介公司代理—線上簡歷填寫 |
| 攜帶證件 | 通知單／國民身份證／語言檢查證書影本 |
| 初試 | • 資料審查、領姓名貼紙<br>• 一組 6 人<br>• 英文自我介紹一分鐘<br>• 依序回答對日本航空的印象、個人特質<br>• 考官依履歷提問（會日韓文用日韓文回答）<br>• 走ㄇ字型看儀態再離場 |
| 筆試 | 2018 取消筆試 |
| 複試 | 分兩組，每組 3 位考生，面試約 30 分鐘<br>• 姓名、編號、英文自我介紹 1 分鐘<br>• 日籍考官提問—用英文或日文回答<br>　→瘦小的人會被問是否有運動習慣、提得了重物？<br>　→有男生進複試 |
| 最後面試 | • 8 位考官對 1 位考生<br>• 每位考官會問 1-5 個問題 |
| 體檢 | 台安醫院免費 |
| 受訓 | 日文 1 個月 + 東京 2.5 個月<br>機上實習 3 趟 |
| 備註 | 簽約 2 年，在東京受訓可領 10 萬日幣零用金。 |

# ANA／ 全日空航空空服員招募流程

| | |
|---|---|
| 履歷 | Open day 英文履歷／附大頭照 |
| 初試 | • 小組團討<br>• 現場公佈晉級者 |
| 筆試 | • 量身高，摸高<br>• 日本多益試卷測驗半天<br>• 新加坡代理公司英文筆試<br>• 中文、英文、台語廣播詞朗讀<br>• 小組二次團討（考官會提問，時間 20-60 分鐘不等）<br>• 回家做線上適性測驗（2018 取消） |
| 複試 | • 日籍考官用英文或日文提問<br>  →從履歷延伸，曾考過台語自我介紹<br>  →會從適性測驗中提問（2018 取消） |
| 體檢 | 在台灣體檢 |
| 備註 | 簽約 1 年，台灣及東京受訓與機上實習 |

# 海南航空空服員招募流程

| 履歷 | 1111 人力銀行線上履歷填寫 |
|---|---|
| 初選 | • 摸高 212cm<br>• 繳資料，介紹海南航空資訊<br>• 分兩組英文團討，1 桌 10 人由 4-5 位評審在旁邊觀察<br>• 英文面試，考官針對個人提問 |
| 終選 | • 走一圈看儀態<br>• 1 分鐘中文自我介紹<br>• 考官會到後方去觀察考生的腿<br>• 考官提問 1 ～ 2 題 |
| 小體檢 | • 小體檢（量血壓、測色盲）<br>• 拍全身正面、側面、半身特寫<br>• 加官方微信群組、填個人資料及錄取志願 |
| 簽約 | • 簽約 3 年，基地北京<br>• 由公司提供住宿、受訓先到海南島，再到北京 |

招募流程

# 最新 2022 廈門航空空服員招募流程

| 履歷 | 在官網填寫線上履歷（需要申請微信） |
|---|---|
| 視訊面試 | • 要加入ＱＱ群組<br>• 交資料通知面試時間 |
| 中文面試 | • 中文自我介紹<br>• 看儀態，有瀏海會要求看額頭，查看全身是否有疤痕<br>• 考官提問 |
| 英文面試 | • 英文自我介紹<br>• 考官提問 |
| 筆試 | • 性向測驗、智力測驗 |
| 體檢 | • 由廈航安排（面試機票和隔離費用全免） |

#  2022 新加坡航空空服員招募流程

| | |
|---|---|
| 履歷 | 在官網填寫線上履歷、簡歷 |
| 視訊面試 | • 視訊錄影回答<br>• 250 字「為什麼想成為新航空服員？」文章寫作<br>• 全身照 |
| 初試 | • 在萬怡酒店面試<br>• 繳資料<br>• 辯論<br>• 直接現場刷人 |
| 複試 | • 複試，由兩位考官面對一位考生進行面試<br>• 現場公佈是否晉級 |
| 外表檢查 | • 穿制服檢查是否有刺青，體態是否勻稱<br>• 穿公司鞋，雙手摸高 207cm<br>• 走台步看儀態<br>• 直接公佈是否錄取 |
| 體檢 | 體檢 |
| 入境體檢 | 到新加坡再做一次勞工體檢，通過了才簽約 |

招募流程

# 澳門航空台籍空服員招募流程

| 履歷 | 官網線上履歷填寫 |
|------|------------------|
| 初試 | • 摸高 208cm，脫鞋量身高要 160cm<br>• 介紹澳門航空薪資福利、航點<br>• 英文自我介紹一分鐘（會日韓文另有廣播詞朗讀）<br>• 分組做英文辯論 |
| 筆試 | • 另帶 2 吋白底大頭照 2 張，出生證明<br>• 筆試 30 分鐘（閱讀測驗、邏輯思考、算數）<br>• 當天通知晉級者 |
| 複試 | • 一次 5 位考生<br>• 考官針對履歷提問 |
| 體檢 | 航醫中心體檢 |
| 備註 | 簽約 1 年，基地澳門，違約金 3 萬 MOP |

# 吉祥航空台籍空服員招募流程

| 履歷 | 人力銀行線上履歷填寫 |
|---|---|
| 第一關 | <ul><li>繳資料，介紹吉祥航空資訊</li><li>量身高，會問有沒有疤痕刺青<br>→考官會觀察臉部皮膚會要求露耳朵、額頭</li><li>自我介紹</li><li>英文與國語廣播詞朗讀，儀態評選</li><li>考官提問</li></ul> |
| 第二關 | <ul><li>筆試（心理測驗，通用能力測驗）</li><li>現場公佈晉級者</li><li>自我介紹確認身份</li><li>通過可約體檢</li></ul> |
| 體檢 | 公司航醫篩選，再辦大陸體檢合格證。需上海民航醫院檢定合格。 |
| 備註 | 基地：上海 |

招募流程

ScootAir 航空台籍空服員招募流程

| | |
|---|---|
| 履歷 | 人力銀行線上履歷填寫／附大頭照 |
| 筆試測驗 | 線上英文測驗：數學、邏輯、英文、機上狀況題、適職測驗 |
| 視頻測驗 | • Video Interview<br>　→練習題一題、開始錄三題回答 |
| 初試 | • 報到、量身高、檢查手臂、脖子與後頸有無疤痕<br>• 英文筆試 10 分鐘：單字、閱讀 |
| 複試 | • 抽題目英文演講<br>　→準備時間 2 分鐘<br>　→演講 2 分鐘<br>　→現場公佈晉級者<br>• 團體討論 20 分鐘<br>　→發言 1 分鐘 |
| 一對一<br>終選 | • Role Play<br>• 考官針對履歷提問，面試約 20 分鐘 |
| 體檢 | 新加坡 |
| 備註 | • 機上伙食不提供，但提供伙食費 SGD600<br>• 薪水需考量住宿需自付，依行情一個人約 SGD500-700<br>• 雖為新加坡人力公司代招，但不用付仲介費 |

#  酷鳥航空台籍空服員招募流程

| 履歷 | 酷鳥航空台籍空服員招募流程 |
|---|---|
| 筆試測驗 | 線上英文測驗：數學、邏輯、英文、機上狀況題、適職測驗 |
| 視頻測驗 | • Video Interview<br>　→練習題一題、開始錄三題回答 |
| 初試 | • 報到、量身高、檢查身上有無刺青<br>• 英文筆試 15 分鐘：邏輯、同義字、反義字 |
| 複試 | • 抽題目英文演講<br>　→準備時間 1 分鐘<br>　→演講 1 分鐘<br>　→現場公佈晉級者<br>• 團體討論 20 分鐘<br>　→推派 1 人做總結 |
| 一對一<br>終選 | • Role Play<br>• 考官針對履歷提問 |
| 體檢 | 新加坡 |
| 備註 | 為酷航的子公司 |

# VietJetAir.com 越捷航空台籍空服員招募流程

| | |
|---|---|
| 履歷 | 人力銀行線上履歷填寫／附大頭照（只收 20～30 歲考生，男生可） |
| 初試 | • 報到：有空服經驗先繳交<br>• 量身高體重（未到身高會刷掉）<br>• 檢查身上有無刺青、走台步<br>• 當天下午 1 點：2 Minutes Talent Show<br>　→實際表演時間 1 分鐘<br>　→可用手機播音樂或自備道具<br>　→現場公佈晉級者 |
| 複試 | • 約 30 人<br>• 四對一面試<br>• 英文自我介紹<br>• 唸英文廣播詞<br>• 考官提問：為何要加入越捷 |
| 英文測驗 | 在越南總公司測驗聽、說、讀、寫 |
| 體檢 | • 需帶良民證且需要公證後再至外交部公證<br>• 體檢通知在越南做入境體檢 |
| 備註 | • 合約 3 年，一年一簽<br>• 在胡志明受訓 3 個月後公司可以讓組員申請外站 base<br>• 公司提供飯店為組員住宿<br>• 月薪約四萬，外站派飛有 NT.10000 的補助 |

# Airasia 亞洲航空台籍空服員招募流程

| 履歷 | Open day 現場報名 |
|------|------|
| 初試 | • 報到：CV、學歷正影本、兩年內的多益 650 分成績、全身照<br>• 2 吋藍底大頭照<br>• 6 位一組<br>• 英文自我介紹、走台步、一題快問快答 |
| 複試 | • 團體討論約 20 分鐘<br>• 團體表演：20 位考生一組<br>• 表演 5 分鐘的內容 |
| 決選 | • 一對一考官面試<br>• 針對履歷提問（英文不好的人也有錄取，重點看笑容） |
| 體檢 | • 自行至醫院體檢<br>• 體檢結果一週後繳交 |
| 備註 | • 合約 3 年<br>• 基地在吉隆坡，無租屋津貼<br>• 受訓期間公司提供飯店為組員住宿<br>• 受訓時間通知僅一天就要出國報到 |

招募流程

# tigerair 2022 台灣虎航空服員招募流程

| | |
|---|---|
| 履歷 | 在人力銀行填寫線上履歷（需附大頭照） |
| 初試 | • 報到、摸高（不可以貼牆）<br>• 看儀態和第一印象<br>• 抽考英文廣播詞（在入場前有 2 分鐘可看稿）<br>• email 通知 |
| 複試 | • 報編號不報名字<br>• 看儀態和第一印象<br>• 英文看圖說故事，考官會順著回答提問<br>• 2019 年考 Free Speech（現場抽題目） |
| 體檢 | • 航醫中心 |

# ✦ STARLUX　2022 星宇航空空服員招募流程

| | |
|---|---|
| **履歷** | 在人力銀行填寫線上履歷，需附大頭照、30 秒中英文自我介紹影片 |
| **第一關** | • 繳交資料（需附多益成績）<br>• 摸高<br>• 中文廣播詞一句<br>• 英文短文一段 |
| **第二關** | • 英文自我介紹 1 分鐘<br>• 英文小組團體討論<br>• 考官會針對每個人的回答再延伸提問<br>• 第二關和第三關是各組不一定順序 |
| **第三關** | • 英文看圖說故事 30 秒 |
| **第四關** | • 考官中文提問，考生中英文回答<br>• 每個人約 10 至 15 分鐘<br>【註】曾有人事後收到通知，需英文視訊面試 |
| **體檢** | • 體檢自費 2900 元 |
| **職前說明** | • 大約一個月後會通知受訓日期 |

招募流程

# Chapter 10

# 錄取學員分享

# 我失敗十次，我錄取國際線航空空姐

森七七空姐

當空服其實是我高中就設定的目標，沒想到我竟然十年後才實現這個理想。大學即將畢業的那一年，我把第一次的考試經驗獻給了華航，在沒有任何準備的情況下，沒意外地我在初試就被淘汰。在這之後，我歷經了長榮，也是初試就失敗之後，立刻面臨金融海嘯——航空業不景氣，全面停止招考，而我人生最黃金的階段（畢業後的那 3 年），卻因為這個意外而讓我在空服夢面前止步。

停滯 3 年之後，我 26 歲了，這時的我已經放棄空服夢而踏入媒體業，而我在辭去第一份的工作之後，決定再試試考空服！在之前的不景氣當中首度在台灣招募空服的是國泰航空，緊接著是新航，不過我新航到複試被刷掉，而國泰則是走到了 Final ——話雖如此，我那不怎麼樣的英文仍然在一對一英語面試時露出馬腳，想當然耳，最後還是鎩羽而歸……

然後我又再一次地對考空服失去信心，繼續我媒體業的工作，這一過又兩年了，我已經來到 28 歲，中間曾跑去插花考 AIR ASIA，不過也是面試完立刻被刷掉。眼看自己的青春年華就要逝去，我又動起報考空服的念頭，剛好長榮對錄取年齡限制似乎放寬了，所以我又報了長榮。可能是因為終於意識到自己不年輕了，有點危機意識，所以我沒有再很不要臉地「裸考」空服，而是有稍微認真準備，也有了突破，走到 Final，但結果還是刷刷刷！這是我第一次因為考空服失敗而難過，可能是開始有得失心了，但我沒有真正找到失敗的原因，所以當我又去試了華航之後，果然初試又失敗了！算一算已經是第七次失敗！然後，我已快來到 29 歲，因為有了人生歷練的關係吧，我終於知道要為自己的理想放手一搏！家人也非常支持我要全力奮戰，當下我認為自己非得去上課不可，一定要找出自己失敗的原因！

我想都沒想就報名了瑞秋空服教室，因為考試期間一直都會去爬文，所以很信任這個機構！我第一次就報名七月包套課程，因為覺得自己要改善的地方應該不少，第一堂的化妝課我就知道自己還差很多，瑞秋姊的手法，讓我立刻感覺自己離空服又近了一步！

接下來，美姿美儀課、模擬面試指導會等等，每上完一堂課回家，我都覺得收穫滿滿，非常充實！我那時平日一到五去上班，六日去上課，幾乎沒有時間休息，儘管周日上課上到很晚，隔天還是一大早去上班。我的工作其實很勞累又要動大量的腦力，原本以為自己會很累，會撐不下去，但是我卻沒有這種感覺，反而覺得那陣子的生活非常充實，而且很開心！我想，這就是朝著自己夢想邁進的感覺，能為了自己想做的事情而努力其實是幸福的！

另一方面是，我覺得瑞秋的課上起來真的是開心愉快的，因為瑞秋姊每堂課找來的指導老師都非常優秀，人又很好相處！最重要的是，他們所傳授的觀念都是對症下藥！我永遠記得第一次上主考官的課時，她就說我有華航臉！但在模擬面試的時候，她卻直指我的問題：我的站姿的問題及笑容不夠！老師們給我的建議都是我需要的：一個是信心；另一個就是直接告訴我問題在哪裡。那天回家後，我知道我離空服夢又邁進了一大步！

其實瑞秋姊和喵哥在課堂上也是扮演著這樣的角色，每堂課總有許多同學跑去問問題，但他們從來沒有不耐煩過，總是會親自為每一位同學解答！聽了瑞秋姊和喵哥的建議，真的就好像吃了定心丸一樣，剩下的就是自己的努力，這樣一點一滴地持續累積，怎麼可能會不進步呢？

## ● 給考生的小祕訣

1. **保持笑容**：不管遇到什麼緊急狀況，或是遇到不會回答的問題，千萬不要慌張，鎮定、優雅，也許還可以帶點可愛傻氣去面對，就 OK 了！

2. **髮妝與衣著的重視是基本**：絕對不要心存任何僥倖，要用一絲不苟的心態去面對，有一丁點不會的或不了解的，最好立刻詢問懂的人（問瑞秋姊是最保險的）。

3. 如果考過卻沒上，一定要知道自己問題在哪裡，然後全力以赴的改善，至少要到問心無愧的程度。

最後真的要感謝瑞秋姊和喵哥，我覺得就算沒有要考空服，來上這些課也很值得，因為我學到的不只是考空服的技巧，也學到面對人生的態度、處理事情的價值觀以前的我總是心存僥倖，但來到這邊看到其他的美眉都這麼努力，還有人是從南部上來上課，我們何德何能認為自己可以不用努力就考上呢？

# 我超過 30 歲，我錄取國際線空服員

Tiffany

我是 Tiffany，我來自國立勤益科技大學。大學畢業後，我在科技業擔任技術服務工程師，擁有多年工作經驗的我，常常思考我的人生還能有什麼不一樣的選擇？

在科技業工作幾年之後，還是偶然會回想起大學時期曾裸考失敗的經驗，因此決定在轉職的規劃上，再次挑戰空服員一職。

要一邊工作一邊準備考試，已經沒有多餘的時間和心力來蒐集和整理四面八方來的考試資訊了，雖然也有很多人說：根本不需要去補習，我當年也是沒補習就考上。但我認真分析，他們都是好多年前景氣好，航空業大舉徵才時考上的（如：長榮最多一年四招），而且當年的她們都是應屆畢業生，年紀輕有本錢，還有很多的時間。但現在時空背景已經不再相同，景氣一年不如一年，招考次數一年比一年少（長榮 2017 年僅有一招），錄取名額也越來越少，在這樣嚴苛的環境及激烈的競爭下，我真的不敢奢望已經三十而立、沒有考試經驗的我能夠一次考上，或短時間內考上。

因為我不是天生貌美仙女下凡，也不是超級名模身材姣好，更不是剛畢業的少女，在種種考量之下，我最後決定一定要去加強自己！我花了很多時間蒐集及整理資料，最後決定把自己交給瑞秋空姐專業的師資群來幫助我完成夢想，我後來也成功錄取五星級航空公司。身為爆肝工時的工程師，我實在沒有多餘的心力可以再去蒐集這麼龐大又專業的資訊，因此我認為參加包套、家教課程比起單堂課，會更有效率、更完整，從準備書面審查資料、妝容、笑容、儀態、服務流程、服務態度、應答技巧、團討技巧、台步、英文表達等，都能很紮實的學到最好。

在考試當中，我也經歷失敗與低潮，失敗時，我會回想自己考試時的狀況，並和瑞秋老師、喵哥及讀書會的夥伴們一起討論失敗的可能原因、改善方法，像是我在華信 Final 時，因為考官出的題目很靈活，雖然我沒有慌張，但是卻因為太認真思考而忘記笑容，親切感不見了、看起來也不活潑！因此不斷的練習真的很重要，而且不能間斷，才能一直保持考試感的節奏。只要瑞秋老師舉辦模擬面試，我都會參加，此外，當我遭受挫折，負面情緒大爆發的時候，瑞秋老師、喵哥和讀書會的夥伴也會不斷給我正面能量、鼓勵我，讓我重新振作。

將近一年的時間，我過著沒有周末的生活。周六固定約在咖啡廳，以正式的考試妝容出席，進行模擬面試；周日則是準備多益、修改中英自傳、準備書面文件、搜尋考試資訊、運動維持體能……非常的忙碌，但是我還是很高興可以遇見瑞秋老師與喵哥，還有我的讀書會夥伴們！

準備考試是一個很艱辛的過程，也可能很漫長，除了學習技巧之外，同時學習如何調整自己的心態及做人處事的道理，也是支撐自己走完考試道路的關鍵。沒有經歷過無數次的失敗，就不會有現在的我。雖然我已經超過30 歲了，但我不放棄這個夢想，藉著姐姐及喵哥的指導，還有每個禮拜的讀書會，終於在今年錄取五星級航空公司。有正職的我們都可以考上，你一定也可以。

# 我是應屆生，
# 我考一次就錄取國際線空服員

慈驊

還記得當時決定要考空服員時，上網查了許多資料，一開始也曾聽信網路上
有人說買幾本書回來自己念一念就可以考上，不需要去上課，於是我買了兩
本相關書籍，但是看完之後發現根本學不到什麼東西，對於準備的方向依舊
感到茫然，於是我開始上網搜尋空服課程，決定要投資自己一次，趁還沒畢
業時準備好自己，為未來鋪路。

網路上的空服課程形形色色，我很猶豫要選哪一家，於是問了很多學姊，也
鼓起勇氣問網路上的空服員，發現他們都在瑞秋空姐教室上過課，也上了瑞
秋空姐教室的網站。我看了很多已經考上姊姊的分享，最後我直接打去瑞秋
空姐教室詢問課程，我還記得當時是喵哥接的，喵哥非常親切回答我每個疑
問，詳細的跟我解說了上課的方式，甚至跟我說考量自己的需求再決定要上
哪些課，完全沒有跟我推銷的感覺！這通電話結束後，我也打去其他空姐教

室問價錢與課程內容，言談中他們一直想叫我趕快付錢上課，而且價錢還幾乎是瑞秋空姐教室的兩倍！於是我立刻決定要投資自己一次，報名瑞秋空姐教室的包套與家教課程。

### 髮妝課

我帶著期待的心情來到瑞秋空姐教室。髮妝課由瑞秋姐親自教導，從底妝、眼妝、遮瑕、腮紅到口紅，每個步驟都有超詳細的說明及示範，再讓我們動手練習，雖然平常就有化妝的習慣，但是上了課才發現空姐的妝容跟平常的妝容真的相差十萬八千里！上課時，瑞秋姐會拆解步驟，也要我們把口訣與步驟寫下來，回家才不會忘記。印象最深刻的是，平常雙眼皮怎麼貼都貼不好的我，瑞秋姐竟然一次就幫我製造出自然又成功的雙眼皮，平常畫眉毛也常被家人說畫得很醜，但是在用了瑞秋姐教的方法畫眉後，出門也多了些自信，回家後連媽媽都說：「這個課真的值得，你終於畫出好看的眉毛了！」而我當天原本沒有要打算購買彩妝品，但是看到小幫手姐姐專業的妝容之後，就決定要採購吳老師的彩妝了！真的便宜又好用，專業度完全不輸市面上的彩妝。當天也訂製了應考服和高跟鞋，都是瑞秋姐幫忙我們找廠商與無酬代訂的，雖然花了不少錢，但這些都是必需品，價錢也很實惠，也不用再自己跑東跑西去買了！

當天上課法式與日式包頭也在一個小時內就學會了！瑞秋姐的彩妝手法加上吳老師的彩妝品真的讓我受益良多，上完課之後，覺得自己又更往夢想靠近了一點。

### 美姿美儀訓練

美姿美儀課由瑞秋姐親自教我們，從走路、站姿、坐姿、走路、敬禮、笑容、甚至是眼神與表情，瑞秋姐都仔細講解並讓我們一直重複練習，確保每個人都學到好，她也會仔細檢查每個人，並親自幫我們調整腳的角度，

從頭到腳，不放過任何一個小細節，要求非常完美！因為平常大家都沒有接觸過美姿美儀，所以一開始的站姿、坐姿都不合格，也常常忘記面帶笑容，但是經過瑞秋姐的指導與不斷的提醒後，現在我連走在路上都會記得要注意姿勢，練習平常就要當一個優雅的女孩！

## 中英文履歷自傳一日課

這堂履歷課由專業的英文老師授課，因為我從來沒寫過英文履歷，上課前還很擔心會跟不上，結果發現老師是一行一行帶著我們寫！老師將格式打在螢幕上，同時我們在台下跟著打在自己的筆電上，完全不用擔心會出錯，而因為每個人的經歷不同，老師也會非常有耐心的幫我們把中文翻譯成英文。履歷完成後，老師居然還會一個個幫我們檢查錯誤，讓我非常驚訝老師對這堂課的用心！

自傳的部分，老師會先分析自傳的結構與較好的表達方式，再讓我們依據個人的生活經歷完成，並且逐一幫每個人修改，甚至還告訴我們容易被考官從履歷中問的問題！上完這堂課後，中英文履歷和自傳一次解決！不但超有成就感，也很驚訝來瑞秋空姐教室上課的效率與收穫！

### 中英文面試回答一日研討會

在準備考空服員的過程中，我最擔心的就是面試回答！航空公司的面試問題範圍廣又出其不意，很難準備，但是這堂中英文面試課讓我增加了不少信心。史嘉蕾老師告訴我們空服員該有的特質與態度，並且一再耳提面命，教我們要怎麼在短短的回答中，讓考官留下深刻的印象。老師還將把考官常問的問題整理出來，並且讓每個人寫下自己的中英文答案，且一題一題幫每個人修改，針對同學不同的程度，給予難度不同的句子與字彙，讓我們準備起來更事半功倍。上完中英文面試回答一日課之後，我對面試更有信心了，也抓到了回答問題的訣竅，就算被問到沒有準備到的問題，我也有信心能夠回答得很流暢！

### 團討課

團討課的老師活潑又好笑，不但分享自己奮鬥的經驗給我們，也跟我們講了很多面試的技巧，並散播滿滿的正能量給我們！我們除了實戰練習團體討論，也學了銷售物品的技巧！重點是老師真的很可愛，上課完全不會睡著，下課時大家都帶著愉悅的心情和滿滿的收穫回家。

### 美籍外師口語練習

外籍老師除了英文口音非常道地好聽之外，居然也會講中文！藉著跟外籍老師的對話與模擬面試，得到了專業的建議與更道地的英文口語用法，因為老師會中文，也讓學習效率更提升！

### 模擬面試課

模擬面試讓我們在正式考試之前，可以了解自己的不足與缺點，也能實際體驗考場上的緊張心情。瑞秋姐和喵哥每次都請到各家航空公司重量級的

老師來幫我們上課、做模擬面試，真的超用心！老師每次都給很專業的建議，也很親切的回答我們的問題！考前的模擬面試真的是很珍貴的練習經驗，這是我們自己在家裡做不到的，藉由模擬面試能減低真正考試時的緊張心情。

當初報名家教班是因為對自己的英文回答比較沒信心，在上了課之後才發現，原來自己連中文回答都有很大的進步空間！課堂上，瑞秋姐和史嘉蕾老師都會先帶著我們討論，給我們每個題目回答的方向，再讓我們寫出自己的答案，並一題一題幫我們修改，真的很用心；英文回答的部分，史嘉蕾老師非常有方法，因為大家的英文程度不一，故事也不一樣，所以老師會引導我們講出自己的故事，再告訴我們該怎麼把故事濃縮成幾句話，並在短短幾句話中突顯自己的優點，讓考官注意到你。

上完家教班後，我的思考邏輯都不一樣了，不論是遇到什麼問題，只要用正確的邏輯去思考，再將熟悉的句子套用進去，就能回答得很流暢，所以我非常慶幸當初報名了家教班！我自己本身也是家教老師，我對瑞秋空姐教室的師資給予最高評價。

# 失戀成了我的動力，
# 我 32 歲 3 個月考上國際線空姐

Catherine

成為空服員是我大學畢業前的夢想，當初因家人反對，一畢業就投入科技業，之後也做過行政工作和服務業。當時覺得自己的語言能力和各方面條件都不夠，所以就待在當時的職場，也漸漸遺忘自己的空服夢。一晃眼過了十年，今年滿 32 歲，心底有個聲音告訴我，一生只有一次，與其花時間擔心條件不夠，不如投資自己、朝目標前進，於是報名了瑞秋老師空姐教室。我知道自己的年齡是個限制，不能浪費時間，要圓夢必須找真正專業的老師幫忙，結果也證明我真的找對老師了。因為住在苗栗的關係，工作又忙，幾乎沒有時間和住台北的男友見面，每次上課搭車北上，為了下課後的時間可以留給他，在車上都把握時間讀書。

自從今年二月開始準備考空服員，至今五個月內投過日航、新航、廈航、澳門航空的履歷，參加過兩次卡達跟一次 Airasia 的 open day，這當中投

書面履歷都沒有得到進入複試的機會，兩次卡達航空都在過了第一關在英文筆試的關卡被刷下來。第一次面試卡達的時候，通過初試後沒想到被男友放鴿子，陷入無處可去的窘境，第二天還要參加複試，複雜的心情難以言喻，我灰頭土臉的回到教室，委屈的淚水在眼眶打轉，電梯門一打開，站在門口的瑞秋老師問我：怎麼又回來啦？我忍著眼淚跟老師說了自己的窘境，老師安慰我，還跟熱心的同學幫我一起找當晚的住處，讓我趕緊去休息準備明天的複試。隔天複試被刷下來，忍著回到家裡自己房間才放聲大哭。這次挫折的經驗讓我看清一個人真實的樣子，因此決定揮別這段感情、發憤圖強一定要考上空服員。在那之後，每當想起自己在這段感情裡的委屈，都會偷偷跟瑞秋老師吐苦水，也幸好我有一群家教班的好戰友，除了讀書會時一起努力練習，還帶給我正能量和歡笑，有伴一起努力的感覺真的很好！

## 準備過程

準備考試的過程並不是沒有失敗，一次又一次被刷下來的過程，都讓我當作累積經驗邁向成功的必經之路。我也曾懷疑，32 歲的自己到底考不考得上，當然也會難過，但我記得瑞秋老師說的：沮喪是一定會的，但不要沮喪太久，要趕快振作起來，準備好迎接下一次的挑戰，機會是留給準備好的人。失敗之後我並沒有花太多時間哀怨，反而是運用老師教的技巧，每天繼續運動減重、敷臉、練習化妝、咬竹籤練習笑容、念廣播詞、讀英文。我真的想成為一個空服員。

每次從苗栗北上上課、讀書會，在火車上都會有種篤定踏實的感覺，確信自己是朝著自己的夢想前進。這一路上有好老師、好夥伴跟我一起前進，我沒什麼好怕的，雖然已 32 歲，但一生一定要為自己勇敢一次，過沒有後悔、沒有遺憾的人生。

面試過程

後來我參加 Airasia 菲律賓亞航的 open day，成功的通過 Final interview 並拿到了體檢單。當天考試的流程是：交書面資料、1 分鐘簡短面試（自我介紹 20 秒、拉行李箱走台步 20 秒、20 秒回答一個問題：描述你是怎樣誠實的一個人？）、團體討論（20 人一組，總共 6 組）、Final interview。當天考場的氣氛輕鬆，全程使用英文對談。在第一關的時候我運用老師教的技巧，簡短生動的說明自己的長處，我介紹自己的語言專長，並說明自己會唱歌跳舞，考官馬上要我唱一段，我就鼓起勇氣大聲唱歌。之後拉行李箱走台步，我留意自己的儀態步伐要大方，並且走到對面也跟對面的考官點頭燦笑打招呼。最後回答問題的時候，我帶著微笑肯定的回答考官，我是個誠實的人，因為我不喜歡說謊帶來的後果，也認為說謊會破壞人際關係。

第二關團體討論有 20 分鐘的排練時間，考官給我們的題目是：顧客服務。我召聚所有人一起討論、提議 20 人分成五組排練，並幫大家整合表演內容跟順序。過程中有另一位男生去年參加過亞航的考試，引導大家沿用過去的主題排演，但因為這次主題不一樣，討論時間有限，所以我請大家表決，最後結果採用符合這次主題的方式呈現，並且採用他提出的合唱曲目，讓表演有一個完整的呈現。討論過程中，我發現有一位考生是韓國人，所以我問了她兩三次是否需要翻譯、並關心她是否需要協助。整個討論過程考官都輪流在附近聽我們溝通跟表達。表演結束後，考官要所有人站成一排，show 出自己胸前的編號，當時大多數人都急著站在考官面前的好位置，但我留意到後面有一些嬌小的同學被擋住沒位置站，就向他們揮手請他們來站我旁邊，當時這個不經意的動作同時被好幾個考官看到。 Final interview 的時候，考生一個一個輪流進考場，考官一男一女，男考官負責問問題、女考官紀錄，他們問我覺得這次的面試如何？我很誠實的說，這是我經歷過最愉快的面試，氣氛和樂，跟考官感覺沒有距離，前所未有，我非常享受在其中，也很感謝 Airasia 給我這個面試的機會。

考官接下來問我為何會說日文？期待的薪資？為何想當空服員？最快何時可上班？家人是否支持？突然辭掉現在的工作沒問題嗎？是否有台胞證？我回答沒有，但我會馬上去辦，10 天內可以準備好。我也說明了自己的目標是成為空服員，已向目前工作的上司說明，並做好工作交接，短時間內離職是沒有問題的。最後結束的時候我和考官握手，並再次感謝他們給我這個機會。最後公佈錄取拿到體檢單的時候，我還覺得像在做夢一樣，不敢相信是真的。

## 給考生的叮嚀

這幾個月一點一滴的累積，信任老師所教的並實踐、和好夥伴彼此鼓勵、一起前進，結果證明這項投資沒有白費。給每一位同學：相信你也是勇敢面對自己內心的聲音，朝夢想前進當中，所以決定走進瑞秋老師的空姐教室。無論遇到什麼困難、經歷幾次失敗，要相信你的所有努力不會白費。32 歲的我辦到了，你一定也可以！面對懷疑的聲音的時候記得：忘記背後，努力面前，朝著標竿直奔！期待與你藍天見！

# 我應屆畢業考上，細節決定一切

Claire

大家好我是 Claire，我來自桃園。今年 6 月畢業後，知道主修英語教學的我志不在當老師，也不想只是坐在辦公室裡每天坐著一樣的事，很想要趁年輕挑戰一下自己，於是我決定給自己一年，好好追逐我的空服夢。一開始，我和大多數的人都一樣，覺得不需要多花錢補習，一切靠自己和網路上的資源就好。當然，一定有很多人靠自己就考上自己的理想航空公司，但對於完全沒有航空業背景，沒有相關知識，更沒有空姐空少朋友的我，靠自己準備了近 2 個月下來卻依舊覺得心慌慌，對於網路資訊有疑問時無人能商討，對招考仍是沒什麼頭緒，不知道該從何下手。

考航空業要準備的層面實在很廣，從外在妝髮、服裝到內在的禮儀、回答應對技巧等等，為了讓自己能在短時間內從完全不懂，進步到可以在考場上脫穎而出，我決定好好投資自己一次。還記得當初在抉擇要去哪家補習班時，我上網爬文了好久好久，比較價錢，比較課程，比較學生給的心得

回饋，最後我選擇了瑞秋空姐教室的包套課程。有做過功課的考生們，一定都有看過瑞秋空姐教室粉絲團分享的很多航空業小知識、應考資訊、考場提醒事項等等，相較於其他補習班，瑞秋空姐教室真的非常無私地在分享資訊，對沒有付錢的網友都這麼熱心了，更何況是去上課的學員呢！

在瑞秋空姐教室上課的一個月真的很快樂，我交到了很多好朋友，一起練習考題，每堂課都很紮實，常常下課了，大家都捨不得走，留下來狂問問題，而喵哥跟瑞秋老師都會很有耐心地替大家講解，提供最新資訊，每次上完課都讓我很期待下一次的課程。特別特別感謝超級溫暖的班主任喵哥，就像爸爸一樣關心著每個學員，怕我們餓到渴到，每次上課就準備很多小點心，也總是鼓勵我，讓我一直相信自己一定可以做到！

其實在自己準備的近 2 個月裡，我已經準備了一套自我介紹，把所有想說的想表現的都往裡面塞，為了能在時間內講完，我的語速非常快，但在上完課後，我發現這樣的觀念是有錯的。照著瑞秋老師及外師的教導，帶著我們用模板套入，設計出屬於自己的自我介紹，不需要把時間塞得滿滿的，只要掌握住重點，自我介紹便能抓住考官的目光。很多面試的第一關就是自我介紹，看似簡單，但卻有很多眉眉角角要注意，不只是內容，語速及語調都很重要哦！

## 髮妝課

認識我的人都知道我不太會化妝，在上課前連上妝順序都不熟悉，更不用提空服員妝容，更是一竅不通。在這堂課中，瑞秋老師帶著我們一步一步上妝，教導我們每個步驟該注意的細節及小訣竅，也會貼心的推薦她覺得好用的化妝品。在頭髮的部分，也教了日式及法式包頭兩種。對於像我一樣的初學者來說，上課的效果真的很好，讓我很容易就上手。

## 美姿美儀課

這堂課讓我大大了解什麼叫「魔鬼藏在細節裡」！在選擇上包套課程時，我

一直納悶美姿美儀到底有什麼好學的，不就是隨時挺胸不駝背、走路腳不拖地、坐著腿併攏就好嗎？上完課才發現，原來很多眉角是自己以前從未注意到，但考官卻都看在眼裡的。從初試到複試的流程都帶著走一次，瑞秋老師細心地指導每位學員的坐姿、站姿、走路、拿稿的姿勢等等，也會挑出每個人需要改進的部分。在面試時，第一印象非常重要，上完這堂課，也讓我在考場上時時刻刻提醒自己，注意一舉一動，表現出最好的一面。

在空姐教室其實不是只有考空服員，也有現職的地勤老師授課，這堂課的最後還有讓我印象很深刻的模擬面試，我看到來自各時期包套及家教課程的學員聚集在一起做模擬面試真的很有實戰感。另外，這裡還有很厲害的主考官來授課！主考官一進場氣勢就非常強大，分析了廉航及傳統航空的優缺點，也以主考官角度提醒考場上該注意那些細節，及考官想聽到哪一些回答。有很多細節都是我以往沒有想過的，讓我學到很多。在口語表達教學 & 看圖說故事指導會，老師每講解一個題型，就讓我們在小組裡輪流練習，不但練習自己的口語表達，也模擬了在考場上聆聽其他考生分享時該做的事，透過小組方式，增加了考試時的臨場感，也讓我學習組員好的部分，聽取他們的意見並改進自己的弱點。只要有模擬面試的課程，我們都會拿到一張 DVD，讓我們可以看看別人眼中的自己表現如何，一次一次地去修正，把自己調到最佳狀態，等待面試的機會。真的很感謝瑞秋老師和喵哥，提供了很多的資源！瑞秋老師總是勉勵我們有機會就去試，不要害怕失敗。

給考生的叮嚀

「機會是留給準備好的人！」

套句我很喜歡的一句話：「人生，不是得到，就是學到。」希望有空服夢的女孩們，不要因為幾次的挫敗就放棄，成功是給能夠堅持到最後的人，大家加油！

# 我的空少夢：半年內錄取國際線航空

Leo

我畢業於輔大織品系，我的所學讓我對設計有興趣，畢業後考進了知名彩妝櫃擔任彩妝師，國際彩妝品專櫃進去還得經過一番實戰考試，不是一般人容易進去的專櫃。原本的我對自己高薪的生活挺滿意的，但是有天無意間看見朋友考上空服員後的生活，那視野好像寬廣了起來。我想，我的外表和談吐應該也不差，應該也有機會能考上吧，於是我在網路上做了些功課，便投了華航的面試。結果居然失敗了。第一次失敗，我反省自己，應該是自己笑容不夠，但是第二次考華航又失敗了！這次是因為考官叫我們一人講一個英文笑話，臨時想不到笑話的我，想當然又沒有入選。原本以為，有不錯的外在條件去考空服不會太難，但這兩次的失敗讓我重新省思自己到底還缺少了什麼。

我開始在網路上認真做功課，私人指導會我也參加過，可惜不適合我。因緣際會發現了瑞秋空姐教室的粉絲團，一開始在臉書上私訊接觸，老師說她剛好在上課前有空檔，誠摯地邀請我來找她。在面談中，我聊了自己失敗的經

驗以及報考動機，老師則針對我的個性和問題介紹適合我的課程。最重要的是，她也解決了我心中的不安，於是我選擇了中英文回答家教課程來改善複試落敗。

課堂上，老師都會一針見血的把優點、缺點告訴大家，她從來不隱瞞，而是真心的想幫助你變好。在課程中，老師也會訂出需要定時在群組中交的小組作業，例如唸廣播詞錄音，並指正咬字發音的問題；拍攝進退場台步影片給她檢查；看完一本書，寫下自己的心得等等，來幫助我們一直保持良好的戰鬥力來準備接下來每場空服員的應試。我感受到瑞秋空姐教室不是一個一般營利的補習班，而是像朋友一樣，讓大家可以真的一步步感覺到自己越來越接近夢想的殿堂，這也讓我相信，未來一定能飛上青天，成為一名專業的空服員。

在家教班的教學中，我們的教材是統合 137 題曾考過的題目來進行分析和回答。老師現場中英文翻譯的功力真的令我們震撼！在 Part 1 的個人特質單元中，我重新認識了自己，並了解到我原來具備了什麼樣的空服特質，透過回憶家庭及學校往事，慢慢知悉了自己所擁有的故事來幫助自己設計成回答的內容。在 Part1~ Part3 一系列的教學中，一步步讓我學到如何應付複試的變化題、考驗臨場反應，針對機上狀況、航空時事補充等等，都有進一步的探討。我曾經請教過瑞秋老師怎麼回答，她馬上包裝了我原本的內容，我當下說：剛剛應該要錄起來的！難怪老師可以針對面試，設計出這麼多種應變教學課程。

我覺得「中英文自我介紹教學」是最適合入門的一堂課，在這堂課中，瑞秋老師親自引導我們從自己身上發現專屬個人的小故事，並用語調的表達來吸引疲累考官們的注意力，以成就令人印象深刻的自我介紹，老師也會分析前人失敗的例子，要我們引以為戒。

## 現役空服、地勤老師親自授課

瑞秋老師為學生請來不同家現職空服或地勤老師來教學，像是小組團討和服務用語堂請了國泰空服老師，老師還是特別飛回台灣來教學的！在這

裡，我學到專業的中英文服務用語，增添了回應機上狀況問題的優勢，也學到如何 ice breaking，如何在小組團討裡表現自己的肢體語言。老師甚至還設計了針對外商的筆試，教我們如何解題呢！

在面試全類型的教學中，華航老師教我們在服務旅客應有的對應、儀態、及機上免稅品銷售的技巧，包含怎麼跟旅客說話，介紹商品的手勢以及吸引人的形容詞，增加了我們對銷售的戰鬥力！

在瑞秋空姐教室中，我認識了我所珍惜的戰友們，我們每週組讀書會練習，把講義拿出來做各種應試的練習。從中英台廣播詞的練習，到複試臨場反應的考題、小組團討的練習，特別是瑞秋老師還請外籍老師來幫我們私下練習，真的很受用！功力很靠累積，因此我都積極邀大家一起來練習。在每週練習中，我們都會當彼此的考官，提醒笑容、檢查坐姿是否端正，大家集思廣益將答案變的更生動活潑。最可貴的是，我們真的很要好，不管哪家航空招考，我們都會一起參加，去累積實戰經驗，為彼此加油打氣。我們讀書會的成員在半年後都全部考上空服員了！雖然大家要各奔東西，但希望有朝一日，我們能在外站相遇！

## 給考生的叮嚀

雖然失敗時難免沮喪，但瑞秋空姐教室的朋友們、老師們都給了我很多力量。所謂精誠所至，金石為開，夢想因努力而偉大，唯有努力不懈，永不放棄，夢想就不再只是個夢想，而是可以兌現的理想了！瑞秋姊曾說，有些人可能天生的條件不是特別出色，但是他們不放棄，一直不斷上課努力找出自己的問題，最多曾聽過考了 17 次、22 次才成功的同學，我其實算很幸運，有專業的老師們和最棒的戰友們陪我一起戰鬥，甚至一起考上同一家五星級航空公司。失敗誰不難過，但你一定要撐過去！希望各位也能堅持自己的決定，有朝一日，這些挫敗的經驗都會成為甜蜜的果實。加油！

# 我想當空少：把夢想變成理想

Robbie

空服員不再是夢想而是理想！分享給正在考空服員或是感到失望的同學們，范瑋琪＜最初的夢想＞裡的一段歌詞：「如果驕傲沒被現實大海冷冷拍下，又怎會懂得要多努力才走得到遠方，如果夢想不曾墜落懸崖千鈞一髮，又怎會曉得執著的人擁有隱形翅膀。」

我是住在台中的 Robbie，我蠻喜歡空服員能自由自在在世界各地穿梭的感覺。我大學快畢業前就開始準備考空服員，還記得第一次因為什麼都不懂，就傻傻地去報考，最後落榜了。之後也陸續報考許多航空公司，每次都覺得要成功時，卻都被自己的經驗不足或是臨場反應不好而宣告失敗。我也曾到很貴的航空補習班上過課，過度商業的風格讓我非常難過。

當我真的快放棄時，在考場認識的朋友（他後來也考上外商空服員）推薦我道「瑞秋空姐教室」的中英文回答家教班，他自己上課的經驗覺得不錯，我想說好再試一次看看。本來以為補習班也不過就是隨便上上課回答幾題問題就結束了，但是！瑞秋老師的課程非常的緊密而扎實，非常能訓練在

考場上因為經驗不足，面對考官會嚇到皮皮挫的我非常有效！

瑞秋老師對學生非常用心，還記得當我們考上航空公司複試時，老師還特地約出來免費幫我們做考前練習！當下真的感動得快哭出來！我覺得我人生當中最重要的貴人就是瑞秋老師和喵哥，若不是他們，我現在可能還在外面漂流。每當自己快撐不下去時，瑞秋姊跟喵哥都會為我們鼓勵、加油，而且老師們都還沒放棄，我們更怎麼能輕易就放棄呢？

國父革命 10 次才成功，巧的是，我也是考了 10 次才考上！若當初能早點遇見瑞秋姊，我相信現在已經受訓結束飛了好久（笑）。所以才剛面試就遇到挫折的同學們，不要覺得氣餒，每次失敗都能讓你從中學到不足，而且要越錯越勇！

我也要感謝我的戰友們，每次招考時總是互相練習、扶持。戰友是非常重要的，因為不僅能夠在考場上互相照應，更能在每次面試中看見彼此的優點和值得改進的地方。最後想跟各位說，我跟瑞秋老師就像家人一樣，瑞秋老師真的非常親近和隨和。我是一個思考比較慢和沒邏輯的人，經過老師的訓練後，我都能考上了相信你 / 妳一定也可以，約定好我們機場見囉！

最後跟各位分享我考過的航空公司：威航、虎航 *2、華信、亞航、華航、香港航空、卡達、JAL、ANA、海南航空。

# 下定決心 30 歲轉職，我成功了

Eric

各位準備考空服員的同學們，大家好我是來自台北的 Eric，大學主修平面設計及影音編輯，研究所就讀實踐大學服裝設計研究所。在考空服員之前，我任職於廣告公司擔任小主管。大家心中總有疑問，在廣告公司已經是管理職，怎麼還會想要放棄現有工作，轉職當空服員呢？其實就和大家一樣，我喜愛旅行，從小就把空服員當作人生目標！

2012 年剛退伍時，硬著頭皮考了兩次國籍航空失敗了，隨後因緣際會之下考進廣告公司，這樣一晃眼已經六年的時間，眼看即將邁入而立之年，心中燃起了一股力量，期望自己能夠突破舒適圈挑戰自己，就這樣在去年我下定了決心，要重圓我的空服夢。

## 踏入航空的第一步

一年中眾家航空公司招募，每每都有上千人報考！要如何在這麼競爭的環境中脫穎出？與家人討論自己的人生規劃後，在他們鼓勵之下，建議我找找看有沒有專門做空服員訓練的單位機構，讓自己能夠快速上手，隨後快速在網路上爬文搜尋，我找到評價最高的『瑞秋空姐教室』，二話不說先報名了所有的單堂課程，瑞秋老師精實又嚴謹的課程規劃，成為了我工作之餘每週最期待的學習時刻，我報名了包套與家教班課程，讓我離空服夢想越來越近了！我特別推薦美姿美儀／廣播詞／肢體模擬面試指導會。瑞秋老師多年的空服經驗，將自己過去所學不藏私傳授給同學們，上過美姿美儀課程後，也改善我長久以來駝背和缺少微笑的弱點。在念廣播詞時，除了要唸的順之外，我才了解到其實聲音也可以有笑容，讓旅客感受到親切和溫暖，對我這個初次接觸服務產業的人，奠下深厚的基礎。137 題 Part1-Part3 與陷阱題複習演練是很重要的總複習課。瑞秋老師的教學相當用心，整理了國內外各大航空公司考試的問答題目，並且一題一題仔細解說，指導同學們找出最適合的答案。考試前一定務必再拿出來反覆練習熟悉。

在我外商航空面試幫助很大的一門課就是團體討論與服務用語。團體討論是空服考試中常見的一項評量項目，考官會從各位考生們的討論和應答狀況，評估是否合適。另外機上的服務用語快速養成，透過情境式演練，讓每位同學可以對於空服員的工作更加熟悉，立定良好的服務基礎。過去我從來沒有考過多益，當我下定決心要考空服時，對於多益檢定不知道該從何開始準備，還好瑞秋老師有安排多益考前衝刺課程，邀請英文名師指導，讓我先了解多益考試題型與答題技巧，針對常考和重點題目與同學們解說，並搭配讀書計畫自我練習，我第一次考試就上手，取得了 830 分多益成績！

從小就有暴牙的問題，所以進入職場前，我就開始忍痛矯正牙齒了，建議齒列不齊的同學可以儘早帶矯正器及照顧牙齒，讓自己的笑容更有自信！不瞞大家，大學期間我也曾今胖到近九十公斤，之後意識到了健康及讓自己體態更好，開始養成運動和游泳的習慣，我成功減重約二十公斤！另外如前面所提，從過去都是小平頭的造型，常常給人兇狠的印象，所以我也開始蓄髮。我是一

個慢熟且容易緊張的人，留著小平頭臉上總是不帶笑容，瑞秋老師馬上就點出我最大致命傷！服務業最重要的就是親切的笑容，在我身上看到的是總統隨扈，而沒有空服員特質，我被指派的每天回家作業就是練習咬著竹筷微笑，每週與同學們向瑞秋老師學習，從外表到內在慢慢累積養成空服員應有的特質與基本實力。

## 考空服的轉捩點

在 2018 年初的卡達航空 Open day，一如往常緊張到不行，正在反覆練習英文自我介紹，有位漂亮的姐姐向我搭話：『瑞秋老師要我跟你說加油喔！』，原來剛才這位姐姐跟瑞秋老師視訊通話時，我無意間入鏡被瑞秋老師看到了，我原以為通常補習班師生關係課程上完後就結束了，但是瑞秋老師還一直惦記著我且記得我的名字，聽完讓我既驚喜又感動。考完卡達可想而知又失敗了，瑞秋老師鼓勵我不要灰心，也建議我其他課程再度衝刺，老師的建議與鼓勵讓我受益良多，每週勤練習使我更有信心，且明顯地更加進步！

一直到現在我還是覺得自己在做夢，下定決心考了將近一年半的時間，雖然擔心自己的年齡，但仍然鼓勵自己努力參加面試，包括遠東、復興、虎航、華信、華航、亞航、全日空、卡達、阿聯酋、香港與澳門，終於如願考上空服員邁向月薪十萬之路。一路走來跌跌撞撞多次被拒絕感到失望無助，總是告訴自己樂觀堅持下去，老天自有安排，一定有適合自己的航空公司，秉持著『必定達成』的信念越挫越勇，這段期間家人的支持，是我最大向前及堅持的力量！緣分如此奇妙，前面提到在卡達考試前來向我搭話的漂亮姐姐，也和我一起考上同一家外籍航空公司，現在我們是合作無間的好同事了！最後我要特別要感謝改變我人生的貴人瑞秋老師和喵哥，總是給我鼓勵和幫助，瑞秋老師對待每位同學如同像的家人一樣關照，用心、細心指導，讓同學們能夠自信應對各家考試並且獲得良好的評價與成績，也是高錄取的保證！像我不擅長考試且有正職工作的人都能考上空服員，妳 / 你一定也可以的！加油

錄取學員分享

# 一圓空少夢：
## 堅持自己的抉擇，邁向成功的道路

Jasper

我和大家一樣，懷有飛上藍天四處旅遊的航空夢想，看似簡單膚淺的動機，但卻燃起了我龐大的動力。我把自己行為舉止以及一切的生活行為，都調整改變成為一位應考備戰生的狀態，每天朝著成為空服這個目標一點點的爬升。其中最要感謝的人，是背後一直支持著我一路前行的瑞秋老師。

起初，我是一個習慣任何事情都要靠著自己的努力得取的個性，也因為這樣我花了好多的時間，在網上搜尋資料，也到書店翻書做了一堆功課。頻頻投遞的資料與面試機會，但卻都一再碰壁，好像在大海中迷航的船隻尋找不到靠岸的島嶼。

我在來找瑞秋老師前，曾在網路 YOUTUBE 平台看了許多瑞秋老師上課的內容以及授課方式，讓我深深覺得能夠把自己信任以及期盼託付給老師，是非常正確的選擇。自從來上了瑞秋老師的航空課程，漸漸接受老師的指導和改

變。每次來上課，看到老師笑容滿面充滿活力，總能讓我不知不覺跟著開始學習對別人微笑。老師都會細心的依每個人的個人特質與條件去改變塑造，加強了自我優勢。我覺得最重要的是，透過上課的過程中也漸漸培養出正確的面試心態，讓我強大了我的心理素質，在考場上增強了我面試的穩重性，以及應對回答問題的技巧。

「朝氣、笑容、氣勢」三大元素，在上課的過程中，不知不覺的慢慢地植入了我的內心深處，讓我帶著這些寶貴的學習經驗與正確的面試心態，勇闖考取了多家航空公司。我在這裡學習到的不只是面試的技巧，更重新讓我改變了內心的想法、說話的方法和學習的態度，面對客人及人群溝通都能大方自信的對談。無論在未來的職場環境中都能透過老師所教導的方法，巧妙的運用並自信的展現自我價值。

### 堅持自己的抉擇

今年 28 歲的我，從小因為耳濡目染受到爸爸的關係，他是一名非常優秀稱職的空服員。每年都有機會跟著家人一同到國外拓展視野，因而在我心中萌芽了成為一名空少的夢想及目標，能有機會換我帶著爸媽一起去旅行，看遍整個世界。

從澳洲打工度假歸國後，不僅提升了我英文語言口說的能力，也體驗到了許多獨立生活的寶貴經驗，更重要的是在完成這趟旅程後，我更能確信自己未來的目標。今年 4 月開始蒐集資料打算勇闖航空界的窄門，起初我報考了日本航空、新加坡航空、廈門航空、亞航地勤、長榮地勤，但卻頻頻碰壁收不到任何複試的通知。我找不到任何失敗的原因，我感到一度非常沮喪，一整個月回到家裡就關起房門，心中不知不覺地開始對自己產生懷疑，也失去了自信心及原有的動力。

今年 6 月我也下定決心，拋開無謂的沮喪，把眼淚換化成動力，奮發圖強告訴自己一定要考上空服。在一點一點的學習過程中，把自己粗糙笨拙的思考與講話邏輯慢慢修正，在每一次上課及參加面試過程中，學習改進自

己的缺點，也慢改掉自己不愛笑及容易緊張的壞習慣。透過瑞秋老師及喵哥的指導，我也了解到自己個人的特質及面試的心態，她教導了我如何用說話的文法來散發出我的個人特質魅力。從上課讀書會的過程中，也交到了許多的戰友，透過大家互相的勉勵，在考試場上我們成為了最好的敵人，也成為了並肩扶持的夥伴，更凝聚了大家的向心力與無限的正能量。「不論做什麼工作能留下來的人只有一種那就是堅持到最後的人能留下來的人是想堅持下去的人。」
—— By Door to door。

每次上完課都會覺得自己好像又獲得了嶄新的能量，老師教導我們演甚麼就要像什麼，所有的成功要訣都藏在細節中，把空服的角色扮演好，透過每天一點點的練習自我介紹的台詞、面試回答、背誦廣播詞、咬筷子訓練、健康的作息與規律的運動。經過一次又一次的失敗，一次又一次的改進，終於如願在考上了 AIRASIA 菲律賓亞洲航空、FAT 遠東航空以及 AIRMACAU 澳門航空。

## 面試現場

在參加亞航面試 OPEN DAY 的當天，我帶著滿心歡喜的心情，並朝氣的保持笑容。招募看板上的加分條件一直在我的腦中不斷浮現，我告訴自己要笑容滿面、散發無限的正能量以及用外向的個性來面對考官。

第一關：
繳交書面資料後，陸續 6 位考生站在台中間的線上，走向考官用英文自我介紹 30 秒，完後並拉行李箱走台步，過程中我也告訴自己展現自己，並把自己當作已經是準備登機的空服員了，回到定位後，考官立即出題詢問：（你覺得你是一個獵人還是採集者？）我也立刻反應並使用陽光般的笑容看著考官回答出我的答案，在中午利用休息時間也查詢了菲律賓簡單的問候語，想說如果有機會可以展現我對他們的熱情。

第二關：
團體討論 - 共有 6 組由 20 位面試者組成的小組討論，主題是全部人一起演出有關服務性質的表演，我們討論出使用簡單的舞步帶輕快的歌唱，呈現機場服

務的場景，討論過程中我也舉手表達自願與夥伴共舞，並提出我的意見，也被大家採納決定使用亞洲航空的經典口號作為表演的 ENDING，討論過程中面試官也會在四周走動，並觀察我們的討論狀況。因為時間緊湊的關係沒能有太多的表演內容，但我們大家還是盡全力呈現了完整的表演。

第三關：

考生輪流被叫號進場面試，考官很親切地詢問我一些基本的問題（為何想成為空服員？）／（現在的工作如何？薪水多少？）／（如果我們公司雇用你，你希望我們公司給你多少錢？）我也親切微笑的看著考官並回答了我的答案，在面試完離去前並雙手合十彎腰的用菲律賓語和面試官道謝（沙拉妹），考官也很有禮貌的微笑給我回應。

在聽到公布自己成為錄取名單成員時，心情猶如洗三溫暖般，淚水溼潤了眼眶，覺得自己一路堅持走來的努力並沒有白費，也高興自己聽從瑞秋老師的建議及指導，沒錯這是對的選擇，所以我也將這樣的喜悅第一個分享給瑞秋老師讓她知道，我告訴她說很感謝一路走來的指導，我也會繼續用這樣的正能量及態度帶到我未來的工作上。我深刻感覺到，經過了這些充實上課的學習和多次考試的經驗中，心中慢慢描繪出面試的型態與心態，尤其是在考試心理戰的過程中與等待結果的心情，內心總是忐忑不安。一路走來我都保持著一股正向積極的想法，這是讓我在整個過程中能夠持續航行的良藥。我同時也希望鼓勵大家能用這樣正向積極的想法，勇於突破自己內心的恐懼與慾望。把自己每一次的考試心態都能歸零學習，一起飛向藍天翱翔天際。

我也想將這樣的能量分享給我身邊還在為航空業面試的朋友們，不要輕易放棄任何可能的機會，堅持才能成為走到最後的人。加油！

# 一次報考兩家航空公司，
# 兩家都一考就中！

Jeffrey

大家好，我是 Jeffrey，很開心可以跟大家分享我的學習經歷。

## 選擇瑞秋空姐教室原因

我當時還在國外就報名上課了吧！在網路上看到許多的空姐課程，無意間發現瑞秋老師分享的課程最吸引我。瑞秋老師給我的感覺是非常活潑有親和力，於是我選擇了包套的課程。除了瑞秋老師幫我們上課之外，她也會邀請現役的空服、地勤姐姐幫我們上課，還有做很多的經驗分享。

這裡常常有非常多的中文及英文模擬面試，讓我們實際去感受面試可能會有的狀況，瑞秋老師也會在面試後，一位位的告訴我們有哪邊可以再做調整。

上了課之後才發現不管是站姿、坐姿、腳的擺位，都有對應的方法和擺放的位

置。瑞秋老師還會告訴你上課前不知道的細節，像是男生頭髮的長短，男生帶妝與否，或是面試時的衣服該穿長的還是短的白襯衫，面試時該面向誰說話、怎麼說話，以及面試時所有標準的應答，還有如何才能讓考官對你留下好印象。

我的課程是從去年 6 月開始的，因為當時有航空公司招考，所以就報考了。很幸運的，我一次就考上。而且這期間我報考了兩家航空公司，兩家航空公司也都考上了，但是因為一家是中國廈門航空，一家是台灣的航空，最後我選擇在台灣深耕。

瑞秋老師只要有任何面試的訊息都會告訴我們，而且也都會「免費」幫我們複習考前面試的技巧，以及模擬面試，我相信這應該是其他地方做不到的！瑞秋老師真的很有熱忱，而且都不藏私的教給大家。


面試的經歷

第一次參加空服面試的時候是到廈門航空，當時面試是分初試複試。因為疫情的關係，所以都採用線上的模式，當時初試和複試都是在同一天，

初試第一部分是自我介紹和念廣播詞部分，我覺得沒有很困難，我個人認為比多益或是托福都容易大概中學程度的課文。

初試的第二部份就開始身家調查，跟問你為什麼要報考的原因和對薪資的要求。

考官會要求你看你的身高和問你的體重。

複試的時候會換另一位考官，這個部分就是全英文的部分，他會先請你自我介紹，然後開始問你一些相關的題目，就跟瑞秋老師上課的內容差不多，之後再多做延伸，這個部份我大概說了 15 至 20 分鐘，整場面試結束後大概一個半月就收到錄取通知了。

## 努力與心得

平常，我會練習說話的部分。剛開始我是ㄅㄥㄟ是分不清楚，需要長時間去留意和練習找到說話的感覺，這樣在面試當天的時候比較不會亂七八糟。

我也會拿著瑞秋老師的講義閱讀裡面教的句型，從英文問答的部分開始練習基本的回答之後，再天馬行空的延伸，這樣考試時，如果有沒準備到的問題，你也會更得心應手的回答，更會讓考官認為你的英語溝通能力是沒有問題的。不需要制式的去背一句句的回答題，因為問的題目會改變！

很感謝自己有堅持在這條路上，也很期待未來的一切，希望自己的心得內容分享可以鼓勵到大家，加油！

# 堅持初衷，實現星宇空服員夢想

張博欽

## 來上課之前

2019 年的秋天，疫情之前的幾個月，我開始準備空服員的求職之路。一開始我打算先買書來看，上網找資料，寫考古題就好。那時候想說，自己的顏值還可以，身高也夠高，也會多國語言，應該很有勝算吧！結果投了履歷、落榜後才發現，原來沒有我想得這麼簡單，考空服員眉角很多的！可能是我放的照片不適合，或是自傳寫得不夠有特色，重點、亮點沒有到位。

考多益、國考都有人在補習了，為何考空服員就不能補習呢？加上當時我的年紀也老大不小了（跟應屆畢業生相比），沒有很多歲月能夠蹉跎，於是我看完瑞秋空姐教室的課程介紹後，便報名了包套課與家教班課程，當作是投資自己。如果真的考上了，之後的薪水很快就能把學費賺回來了呢！（笑）

## 上課內容

大家準備最多的應該非面試回答（考古題）莫屬了吧！來教室上課聽完瑞秋空姐教室團隊老師們的指導，我才發現，準備面試不是卯起來寫 100 題、200 題的考古題，這樣只會讓自己累到不想面試而已。

1、首先，瑞秋老師很強調「結構式回答」。一開始就先破題講出結論，然後舉出兩個論點、小故事來說明，最後再簡單提到一次結論，來達到首尾呼應的效果。

2、很多的考題表面上是問不同的事情，但其實都是在問一樣的東西，可以用相同的回答來應對。例如：說說看你的優點？為什麼你想成為一名空服員？你覺得空服員需要什麼特質？你能為我們公司帶來什麼貢獻？……以上的問題都是可以用相同的大方向內容來準備，再修改一下開頭與結尾就可以了。

3、之前我會擺錯重點，雖然我的回答很完整，但是很像是在背稿子。其實讓人感到舒適、親切、想聽你講話，這點也很重要。所以，先記關鍵字與核心概念就好，這樣才記得住（瑞秋老師還說，人在緊張時大腦只剩下 30％ 在運作），也比較自然。印象很深刻的是，有一次一位女同學完全沒有靈感回答問題，老師先引導出她的論點、關鍵字，再跟她說：「好，那妳可以看著我的眼睛，用自己的話，誠懇跟我說嗎？」

課程除了準備面試回答外，也有美姿美儀、走台步、餐點介紹（一定要介紹主食、主菜、烹調方式）、免稅品銷售的用字與手勢、機上廣播詞朗讀的聲音訓練，這些技巧光用書或紙本是很難學會的。收穫良多的是瑞秋老師的「Wave 視線法」，這已經變成我的習慣，是會讓在場的每個人都感受到尊重的行為。

還有，鞠躬也不是只動脖子而已，而是以骨盆為軸心，整個上半身挺直一起向前鞠躬大約 30 度。我也學會在 30 秒到 1 分鐘的黃金時間內就講完回答；以前我只要遇到上台說話就會很緊張，現在比較不怕上台說話了；現在我會

把重心放在要如何吸引別人的目光，這反而變成一種好玩的挑戰呢！

然後，瑞秋老師有時也會邀請各路厲害的長官來幫我們做模擬面試課、實戰演練，並給予我們寶貴的建議，利於日後真正的面試。

即使後來課程結束，已經結訓，畢業後，瑞秋老師仍會邀請我免費回來上課做練習（疫情期間有的時候會改視訊上課），真是非常貼心的關心。在教室內也會認識新加入的學弟妹，這時就要叮嚀自己「身為學長」可不能在老師與後輩面前漏氣！老師也叮嚀我們要持續去 follow 理解應考的航空公司的背景、未來願景、特色餐點、航線，也可以聽 CNN 新聞和 TED 演講，來加強自己的英文聽力與口說。平常也要準備小筆記本或雲端記事本，隨時有想到任何靈感，可以在面試分享的小故事都要寫下來。

## 課後的努力

殊不知，後來遇到了疫情，空服員求職之路變得動盪不定，令人忐忑不安。這兩年來我深刻體會到：機會是留給準備好的人。我想到十七世紀英國發生了黑死病瘟疫，瘟疫的蔓延造成了死傷不計其數，導致劍橋大學也被迫暫時關閉。牛頓非常不情願地離開劍橋大學，熱愛科學研究的他當時正著手進行一些實驗研究。為了爭取更多的研究時間，在返鄉「避難」之前他向學校圖書館借了許多書籍。結果，當別人整天人心惶惶想著躲避瘟疫，或是遊手好閒、無所事事的時候，牛頓把握了人生難得的空窗期，專心思索過去困擾他多年的問題，完成了他三大成就的基礎（數學的微積分、力學的萬有引力定律、光學的光譜分析）。在黑死病肆虐蔓延時，許多人的生命被迫停滯了 18 個月，但是牛頓的生命不但沒有停滯，反而更大幅向前跨進！而我，這疫情期間善用在瑞秋老師這邊學到的應對、面試技巧，去面試其他工作，全都無往不利。在陌生場合遇到初次見面的人，也把他當作考官來練習，讓他對自己有好的第一印象。

疫情期間大家都停下來了，覺得航空公司不會有招募，但瑞秋老師邀請我前往桃園，與教學時認識新同學一起組讀書會。幾次下來，後來我們就透

過線上視訊，或是週末齊聚咖啡廳來實際練習。我們也會上公司官網來朗讀機上雜誌的內容。多虧有讀書會同學的陪伴，透過每個禮拜的機上廣播詞練習，我慢慢補足了不會說台語的弱點。甚至還跟同學們相約到形象門市與快閃商店，做航空公司周邊商品的研究，以便到時候面試時可能會遇到銷售商品的情境題。之後，我們也到機上餐點的合作餐廳「胡同燒肉」來品嚐，奶油雞真好吃！

## 初試的經驗

最後，終於讓我等到了去航空公司面試的機會，我謹記著瑞秋老師教的，面試當天去考場要保持著「笑容、朝氣、氣勢」。一進入園區，我遇到任何一個人員都跟他親切打招呼，交完資料進小教室等候時，也先破冰和其他考生打招呼說「大家早安！」

面試時，我都有聽別人講話，並且運用瑞秋老師教的技巧，適時把我在考試順序的弱勢變成了優勢了！當然，會說是優勢，是後來收到了錄取通知，印證了瑞秋老師的教學真的很有用。

## 體檢通知

經過了幾週的等待，很幸運地收到了體檢邀約！瑞秋老師平時也會分享養生，保持身體健康的撇步。我的體檢報告還算健康，紅字很少，幸好平時有在注意血糖、膽固醇。體檢數值也顯示飲食節制，以及生活是否自律。收到體檢邀約之後，大約隔一兩週就要體檢，好在瑞秋老師每次都不厭其煩叮嚀我們先去體檢，好了解自己的健康狀況並持續維持體態，不要等體檢一發佈才手忙腳亂。

## 收到職前說明會的邀約，與考上的心情

又經過了一個多月的等待。在一個寂靜如常的傍晚，我的 email 突然收到了通知，拿起手機一看，居然是「職前說明會」的邀約！當下真是興奮不已，覺得一切的努力都是值得的，可謂皇天不負苦心人呀！我想到父親的告誡：「努力雖然不一定會成功，但是想要成功就一定要努力！」同一時間有些匿名群組裡有人很崩潰表示，他們自費花了數千元，依照公司指示去航空醫務中心做體檢，最後居然仍慘遭淘汰。我感受到上天的眷顧，我是幸福的孩子。去聽職前說明會時，我也是保持面試時正式的儀容跟朝氣、禮節。目前則是靜待受訓報到通知。

很高興，我可以實現空服員的夢想，執行自己的初衷，並好好發揮自己的外語能力，將台灣溫暖的人情味帶給世界各國的旅客。因為飛行也是旅行的一部分，我希望旅客能將每次旅行的感受，如同精品一般收藏在心中。這兩年多在準備空服員面試的過程中，我不停得探索自己，變得更加認識自己，知道自己的優點，也努力訓練體能和體態。這個發自內心的自信與正面能量，是我在瑞秋空姐教室獲得的最大收穫，也謝謝始終支持我追夢的家人、朋友、瑞秋老師與團隊。就如同一代文學大師陳之藩先生，在《謝天》一文提到的：「無論什麼事情，得之於人者太多，出之於己者太少，因為要感謝的人太多了，不如謝天吧！」也希望讀完這篇的你，也能在瑞秋老師的引導下，一起飛向夢想的藍天！

# 無經驗，也可以一次就考上空服員

林詠淳

從小就想要成為一位空服員的我，在大學期間遇到了嚴重的疫情，以為自己和空服員無緣了，所以也沒有太認真去準備。結果在畢業這一年，星宇航空開始招考無經驗空服員，非常著急的我幸好遇上了瑞秋老師，讓我第一次面試就收到體檢通知！

剛開始準備空服面試時毫無頭緒，在網路上挑選了幾本書，其中一本就是《瑞秋空姐教室》，看到老師有十幾年的教學和飛航經驗，以及學員們成功錄取空服員的分享文後，我也打給老師諮詢課程，過兩天老師就幫我排課了，非常快速有效率！

一開始老師先幫我修改中、英文的履歷，接著上第一堂美姿美儀的課程，這當中教了我很多細膩的小細節，是自己準備時完全不會注意到的。例如：站姿、手擺放的位置，就連拿下口罩也是很大的學問呢！瑞秋老師也幫每一位學生客

製化不同版本的自我介紹，每次上課時都會讓我們反覆練習，並針對學生的表現來給意見，還有調整音調、笑容、姿態，讓考官對我們留下完美的第一印象！

最讓我印象深刻的是「中英文的回答練習」，老師整理出最容易被問到的題目，讓我們提前做功課，寫出自己的回答，然後在上課時一邊跟同學練習對答，老師也會針對學生們不同的經驗背景，同時幫我們修改內容。

最重要的是老師教了「超級萬用的回答公式」！就算是被問到了沒有事先準備的問題也不用慌張，套入老師的公式，一樣可以井井有條的來應答。

老師授課是採預約制，很幸運的我在面試前都已經把課都上完了，一路從妝髮、團體討論、閱讀廣播詞，學習到畫出完整的空服妝容，以及不同的包頭綁法技巧。課堂上，老師都會客製化教學，仔細聆聽每一位學生的回答。

瑞秋老師運用豐富的教學經驗，在發現問題後幫助我們快速的改善，而且課堂上還有很多機會可以和其他學員反覆練習，除了增加熟練度及流暢度之外，也是檢視自己學習結果的好時機！而且老師更是在面試前幫我們模擬練習，並仔細叮嚀各種小細節，讓我們有自信的去面試。

謝謝老師持續關心我的學習狀況。從前對於露齒笑沒有自信的我，在老師的督促下才養成要隨時保持笑容的習慣。老師也不厭其煩的幫我調整自我介紹的影片，讓我成功收到面試通知。最後，在面試前的叮嚀和反覆練習，才讓我能第一次考航空面試就收到體檢通知。

非常謝謝有瑞秋老師的指導！希望大家都可以跟我一樣順利拿到門票。

# 成功錄取長榮集團地勤工作

韋嫻亭

從高中時期，就非常嚮往進入長榮集團任職，希望自己能順利實現這個夢想。所以大學畢業前就來找瑞秋老師上課，如今，我真的實現了！非常謝謝瑞秋老師的指導。

記得當初在報名包套課程之前，還有點猶豫，不曉得要自學或是補習。最初，我認為自己可以買參考書，自行上網找資料練習就好；因為我英文不錯，也有取得韓文檢定。思考的同時，我決定打電話詢問上課資訊，透過電話與瑞秋老師諮詢的當下，覺得老師很真心為我們考生好，雖然只是透過電話，卻能感受到老師的專業度，以及擁有滿滿教學熱忱的心。

會選擇《瑞秋空姐教室》是因為瑞秋老師教學經驗豐富，老師曾任職空服員以及地勤，上課費用也相當合理，規劃的課程也相當全面性。老師的教學方式都是從 0 開始，即使沒有考過，也沒有任何基礎，都能讓我們盡快熟悉，進入狀況！

同時，透過課後的 line 練習，與同學和老師討論後，能讓自己更加了解該如何準備並修正自己不足的地方，提升自我能力。而且在準備考試的過程中，老師也都積極的督促我們要多多練習，協助我們，還讓我們問問題，個人覺得很感動。不論去考哪家，投履歷後，我都有順利收到面試通知。

另外，以下和大家分享個人 2022 年長榮貨運的考試流程：

## 考試流程

- 第一關：履歷篩選
- 第二關：筆面試
- 第三關：體檢（正備取都要）

## 筆試題型

- 第一關：心算測驗（加法含小數點）
  5 題 10 分鐘
- 第二關：適職測驗
  大約 10 幾題（與瑞秋老師給同學的練習題目差不多）
- 第三關：英文測驗
  大約 45 題（含單字選擇、克漏字、閱讀測驗、中翻英填單字）

## 面試

- 自我介紹 2 至 3 分鐘
- 面試官問問題（問履歷上有寫的、在校經歷、工作經驗、家庭背景等）
- 英文看圖說故事（大約 1 分鐘準備，2 分鐘左右的回答）

以上，希望對大家有所幫助。最後，很感謝瑞秋老師耐心的指導，讓我能獲得面試，並一次就順利錄取長榮集團。唯一推薦《瑞秋空姐教室》唷！

# 扎實的練習，順利拿到夢想的門票

劉芷琳

自從升上國中，我的夢想就是要當空服員，所以決定大學一畢業就要考上，但卻不知道何從準備。在因緣際會之下，在臉書上看到瑞秋老師的課程，就馬上打電話報名課程，沒想到接起來的竟然就是瑞秋老師，讓我好開心又很驚喜！因為我一直都把瑞秋老師當成自己的偶像，沒想到竟然能夠認識到她！

瑞秋老師的課程非常專業，每一堂課都能扎扎實實的學到面試技巧和細節，老師也會幫我們修改中英文履歷，所以一定能拿到面試的門票，還能脫穎而出。還記得我的第一堂髮妝課，原本留著兩條毛毛蟲的眉毛，還不太會化妝的自己，經過老師的巧手之後變得有模有樣。現在，我都能快速的上妝，綁出一顆漂亮的法式空姐頭。

美姿美儀的課程，老師都會幫助大家調整儀態，不管是站姿、聲調、笑容，

很多細節都是需要注意的。老師也會協助拍攝影片，讓大家找出自己需要改進的地方，不斷的練習調整，謹記「朝氣、笑容、氣勢」用活力且充滿自信笑容，讓考官留下好印象。面試技巧、小組團討課程，都會有豐富的考古題做練習，並模擬真實面試的臨場感。最後，瑞秋老師也會針對每位學生給予建議，讓你面試能夠輕鬆應對！

瑞秋老師就像是媽媽一樣，不時的關心學生們的狀況，叮嚀大家並給予鼓勵和支持。在面試前，還會安排一對一的視訊線上練習，讓你面試一點都不慌！

在面試之前，我聽從瑞秋老師過往的準備方式，把面試 15 題加上考古題做成籤筒做練習，不怕被問到不會的題目。也因為在瑞秋空姐教室交到了許多朋友，一起組了實體和線上的讀書會，每個禮拜固定和夥伴們一起練習廣播詞、面試問答、團體討論，大家都會給予彼此意見、互相督促，並給予鼓勵。有著朝著相同目標的人一起前進，會成長得更快，也能馬上知道自己的問題點在哪。在練習英文方面，不要害怕犯錯，勇敢地表達出自己的想法才是最重要的。經過不斷地反覆練習，不僅增加自己的自信心，表達能力可以更進步，也能表現的更出色！

考空姐真的不是一件容易的事情，雖然準備過程辛苦，也很容易自我懷疑，但是選對老師會帶你上天堂，加上自己不斷地努力做練習，老師也會提供專業且最新的資訊，讓你精準備每一次的面試。

原本連 30 秒自我介紹都講不好的我，現在能夠順利拿到星宇航空的門票，我相信大家一定可以！謝謝瑞秋老師專業的指導，如果你也還在追尋夢想，選擇《瑞秋空姐教室》一定不會錯！

## 錄取學員合照

錄取華航的 21 位學員

錄取華信空服員的 15 位學員

錄取復興空服員的 22 位學員

錄取華航的 22 位學員

錄取長榮的 27 位學員

錄取長榮空服員的 49 位學員

錄取華航空服員的 23 位學員

錄取華航空服員的 30 位學員

錄取長榮空服員的 40 位學員

錄取華航空服員的 32 位學員

錄取長榮空服員的 31 位學員

2APV57

【2023 — 2024 最新版】瑞秋空姐教室：空服員＋地勤 100% 錄取聖經，
髮妝儀態 × 中英回答 × 面試技巧 × 應考流程全攻略

| | |
|---|---|
| 作　　　者 | 瑞秋 |
| 責 任 編 輯 | 許瑜珊、蔡穎如 |
| 內 頁 設 計 | 江麗姿 |
| 封 面 設 計 | 兒日設計 |
| 行 銷 企 畫 | 辛政遠、楊惠潔 |
| 總 編 輯 | 姚蜀芸 |
| 副 社 長 | 黃錫鉉 |
| 總 經 理 | 吳濱伶 |
| 發 行 人 | 何飛鵬 |
| 出　　　版 | 創意市集 |
| 發　　　行 | 英屬蓋曼群島商家庭傳媒股份有限公司城邦分公司 |
| 展 售 門 市 | 台北市民生東路二段 141 號 7 樓 |

香港發行所　城邦（香港）出版集團有限公司
　　　　　　香港灣仔駱克道 193 號東超商業中心 1 樓
　　　　　　電話：(852) 25086231
　　　　　　傳真：(852) 25789337
　　　　　　E-mail：hkcite@biznetvigator.com

馬新發行所　城邦（馬新）出版集團
　　　　　　Cite (M) Sdn Bhd
　　　　　　41, Jalan Radin Anum, Bandar Baru Sri Petaling,
　　　　　　57000 Kuala Lumpur, Malaysia.
　　　　　　電話：(603) 90563833
　　　　　　傳真：(603) 90576622
　　　　　　E-mail：services@cite.my

| | |
|---|---|
| 製 版 印 刷 | 凱林彩印股份有限公司 |
| 三 版 一 刷 | 2022 年 12 月 |
| I　S　B　N | 978-626-7149-46-1 |
| 定　　　價 | 390 元 |

客戶服務中心
地址：10483 台北市中山區民生東路二段 141 號 B1
服務電話：（02）2500-7718、（02）2500-7719
服務時間：週一至週五 9：30 ～ 18：00
24 小時傳真專線：（02）2500-1990 ～ 3
E-mail：service@readingclub.com.tw

國家圖書館出版品預行編目資料

瑞秋空姐教室・2023 ～ 2024 最新版：空服員＋
地勤 100% 錄取聖經，髮妝儀態 × 中英回答 ×
面試技巧 × 應考流程全攻略
/ 瑞秋著 . – 初版 . – 臺北市：創意市集出版：家
庭傳媒城邦分公司發行, 2022.12 面；　公分

ISBN 978-626-7149-46-1( 平裝 )

1. 航空勤務員 2. 考試指南

557.948　　　　　　　　　　　　111018819